Joachim Carl

Miniaturgärten

Zweite Auflage
70 Farbbilder und
69 Zeichnungen

Verlag Eugen Ulmer Stuttgart

CIP-Kurztitelaufnahme der Deutschen Bibliothek

Carl, Joachim
Miniaturgärten / Joachim Carl. – 2. Aufl. –
Stuttgart: Ulmer, 1981
ISBN 3-8001-6128-1

Wollgrasweg 41, 7000 Stuttgart 70 (Hohenheim)
Printed in Germany
Umschlaggestaltung: A. Krugmann, Stuttgart
mit einem Foto von flora-bild (A. Felbinger)
Satz: Bauer & Bökeler Filmsatz KG, Denkendorf
Druck: Passavia Druckerei GmbH Passau

Vorwort

Schon immer war es der Wunsch vieler Menschen, ein Stück Natur ihr eigen zu nennen und sich im eigenen Garten daran zu erfreuen.

Wer nun mit einer dauerhaften, winterfesten Pflanzung solch ein Stück Natur selbst nachgestalten möchte, dem soll dieses Buch ein Leitfaden sein. Doch nicht das repräsentierende, überschäumende Farbenspiel steht hier im Vordergrund; wer sich mehr für die einzelne Pflanze interessiert, dem erschließt sich in der fast unausschöpflichen Fülle der winterharten Alpen- und Gebirgspflanzen eine eigene, freudvolle und erlebnisreiche Welt. Auf kleinem und kleinstem Raum ist es möglich, solche Pflanzenschätze zu hegen und zu pflegen. Auch in einem noch so kleinen Garten findet sich eine Ecke für einen Miniatursteingarten oder ein Kleinalpinum. Für einen Steintrog oder einen Balkonkasten ist auch Platz auf dem Balkon oder auf dem Fenstersims. Nirgendwo kann der zauberhafte Reiz der Pflanzen der Gebirgswelt besser eingefangen werden als in solchen Miniaturgärten.

Schon Karl Foerster, der Altmeister der Staudengilde, schrieb einmal in seinem Buch „Der Steingarten der sieben Jahreszeiten", der Steingarten sei eine Kostbarkeitsvitrine für Pflanzenschätze.

Wie solche „Kostbarkeitsvitrinen" gestaltet und dauerhaft bepflanzt werden können, das möchte dieses Buch vermitteln.

Eine Schwierigkeit besonderer Art bildet bei einem Buch, das sowohl dem Laien wie dem Fachmann gerecht werden will, die Schreibweise der botanischen Namen. Nicht immer stimmen die handelsüblichen Namen mit den exakten wissenschaftlichen überein. So weit wie möglich wurden die handelsüblichen Namen und Synonyme mit aufgeführt und versucht, die Pflanzenbeschreibungen trotzdem übersichtlich zu halten. Grundlage für alle Pflanzennamen bildete dabei vornehmlich Zanders „Handwörterbuch der Pflanzennamen". Eine Hilfe im Wirrwarr der Handelsnamen und Synonyme kann auch das Heft „Namen der Stauden" sein, beide Publikationen sind im Ulmer Verlag erschienen.

An dieser Stelle möchte ich ganz besonders Herrn Roland Ulmer und seinen Mitarbeitern danken, die es ermöglicht haben, dieses Vorhaben zu verwirklichen und das Buch in der vorliegenden Ausstattung herauszugeben.

Ein besonderes „Dankeschön" gebührt Herrn Emil Wetter für seine Illustrationen, die so trefflich gelungen sind. Auch Frau Martel Hald, der unermüdlichen Geschäftsführerin der „Gesellschaft der Staudenfreunde", sei an dieser Stelle ein von Herzen kommender Dank abgestattet. Ist sie mir doch mit vielen Ratschlägen zur Seite gestanden.

Joachim Carl

Inhaltsverzeichnis

Herkunft und Entwicklung winterfester Miniaturgärten

Zwei große Strömungen prägten das Gesicht unserer heutigen Gartenkultur. Einmal war es der architektonische Gartenstil des alten Europas, des Orients und Indiens, zum anderen die naturstilisierende Gartengestaltung Chinas und Japans. Waren in der Gartenkunst des Abendlandes die Gesetze der Symmetrie vorherrschend, so brachte der Ferne Osten die Liebe zum kleinsten, naturgetreuen Detail, aufgebaut auf den Gesetzen des Goldenen Schnitts. Die fernöstliche Gartenkunst beinhaltet eine Auseinandersetzung des Geistes mit der Natur; dabei soll das natürliche Wechselspiel von Stein und Pflanze nachempfunden werden. Es drückt sich in der Kunst aus, mit einigen wenigen natürlichen Steinen oder Steinplatten und einzelnen, meist bizarren Pflanzengestalten auf kleinem und kleinstem Raum ein Stück Natur nachzuvollziehen. Die Gartenkunst des Fernen Ostens kam im 19. Jahrhundert über England nach Europa. Hinzu trat die fast unerschöpfliche Fülle der winterharten Gartenpflanzen, speziell der Gebirgs- und Alpenpflanzen, deren „Entdeckung" durch die noch junge Alpinistik eingeleitet worden war. Führend waren dabei die Briten, die gleichzeitig begannen, das Pflanzenreich ihres weltweiten Empires auf der Insel zusammenzutragen; besonders ihrer Vorliebe für die Alpen und die Berge des Himalaja ist es zu verdanken, daß immer mehr Pflanzen dieser Gebirgsregionen Einzug in unsere Gärten fanden. Aus dem Zusammentreffen zwischen der Übernahme asiatischer Gestaltungsideen und der gärtnerischen Entdeckung der Hochgebirge entwickelte sich ganz besonders in England die Kunst, Steingärten anzulegen. England wurde so zum europäischen Pionierland der Steingartengestaltung und der Alpenpflanzenpflege.

Den Steinen fällt im Garten eine besondere Rolle zu. Sie bilden vielfach das Element einer naturnahen Gartengestaltung. Gerade durch Steine und Felsen lassen sich überzeugende Gartenmotive gestalten, und dies auf kleinstem, engem Raum.

Stand bei der fernöstlichen Gartenkunst ein religiöses, mystisches Nachempfinden der Natur im Vordergrund und wurde dieses Nachvollziehen mit sparsamsten Mitteln ausgedrückt – meist durch wenige, besonders natürliche Steine und unter Verwendung einer oder mehrerer bizarrer Pflanzengestalten – so rückte in England bald die Pflanze in den Vordergrund; die Gestaltung gab nur den Rahmen für die Pflanzen ab. Auch auf dem Kontinent ging diese Entwicklung von den Pflanzen aus. Hier entsprang die Anlage von Steingärten und Alpinen dem Bedürfnis, die herrliche Flora der umliegenden Gebirgswelt im eigenen Garten zusammenzutragen und zu hegen. So entstanden in der Mitte des 19. Jahrhunderts in den Alpenregionen die ersten Steingartenanlagen in Klostergärten und in den Gärten einiger herrschaftlicher Jagdschlößchen.

Viel Platz war dafür nicht erforderlich, sind doch gerade die Gebirgs- und Alpenpflanzen vor allen anderen geeignet, auf kleinstem Raum bezaubernde Naturbilder darzustellen. Es zeigte sich bald, daß in den Miniaturalpengärten die schwierigsten Gebirgspflanzen leichter zu kultivieren waren und diese bescheidenen Gartenräume viel übersichtlicher angelegt und gepflegt werden konnten.

In England pflanzten eifrige Sammler ihre kostbaren Pflanzenschätze meist in Töpfe und kleine Gefäße. Und da es sich ja um winterharte, ausdauernde Pflanzen handelt, sah man sich nach Gefäßen um, die im Gegensatz zu Blumentöpfen nicht gleich zu Bruch gingen, wenn sie dem Frost ausgesetzt waren. Zunächst kam man auf Mörser und sogenannte Handmühlen aus Stein; bald wurden auch Tröge, meist nicht größer als 20 × 25 cm, aus Stein gehauen. In diese für die Kultur von Alpenpflanzen gut geeigneten Gefäße wurde häufig nur eine einzige Art gepflanzt.

In den frühen 20er Jahren entwickelte Clarence Elliot, ein großer Liebhaber der Hochgebirgsflora und Besitzer der Alpenpflanzengärtnerei „Six Hills Nursery", diese Art, alpine Pflanzen in Trögen zu kultivieren. Die ersten Artikel über Troggärten wurden geschrieben und führten speziell in England zu einer starken Verbreitung der „Troggärtnerei". Es stellte sich nämlich bald heraus, daß das Troggärtnern eine Methode ist, heikle und sehr schwierige Pflanzen mit Erfolg zu kultivieren, wenn andere Methoden fehlschlagen. Spezielle Erdmischungen konnten leichter und differenzierter hergestellt und verwendet werden. Winzige und schwachwachsende Zwergpolster finden ja in solchen Trögen geeignetere Ansiedlungsmöglichkeiten als in einer größeren, offenen Steingartenanlage oder in einem Alpinum. Selbstverständlich kommt auch die Tatsache hinzu, daß auf einem Trog die Pflanzenschätze isolierter betrachtet werden können, indem diese dem Auge des Beschauers näher gebracht werden.

So war das Troggärtnern nicht nur um der Gestaltung willen entstanden. Es erwies sich als eine echte Kulturmethode, um schwierige Pflanzen im Garten mit Erfolg zu halten. In England kursiert unter Alpenpflanzenliebhabern der Satz: „Troughgardening is the most fascinating hobby in the world" (Troggärtnern ist das faszinierendste Hobby der Welt) .

Schon Anfang der 30er Jahre tauchten die ersten alpin bepflanzten Steintröge auf der „Chelsea Flower Show" in London auf, und wieder war es Clarence Elliot, der als Wegbereiter für diese alpinen Miniaturalpengärtchen wirkte. Er ließ aus weichem Kalkstein Tröge schneiden und aushauen, meist in den Größen 20 × 30 cm, 30×50 cm und 45 × 90 cm, die dann bepflanzt und verkauft wurden.

Bald wurden auch in England die alten Schweine- und Rindertröge knapp. So half man sich mit alten, steinernen Küchenausgüssen, die meist nur etwa 10 cm tief waren. Auch sie eignen sich gut für alpine Pflanzen. Da Alpenpflanzenliebhaber meist große Individualisten waren und auch heute noch sind, entstanden bald einige Abwandlungen dieser Troggärten, wie etwa die von Mr. Simpson-Hayward, der seine Art „Slab-Garden" nannte, also „Plattengarten". Anstelle eines Troges verwendete er eine Platte und unterlegte diese mit einigen Steinen. Unregelmäßige Steinstücke gruppierte er mit einigen Klacksen nicht sichtbarem Zement auf der Platte. Zwischenräume füllte er mit entsprechender Erde. In den so entstandenen

Fugen und Spalten siedelte er dann mit gutem Erfolg alpine Pflanzen an. Besonders geeignet für die Gestaltung solcher „Platten-Gärten“ erwies sich Tuffstein, der eine ideale Grundlage für schwierige alpine Pflanzen ist. Zusammen mit den Ausgußsteinen bildeten diese „Slab-Gardens“ die Vorläufer unserer alpinen Tischgärten.

Es dauerte lange, bis die Methode, alpine Pflanzen in Trögen und größeren Gefäßen zu kultivieren, nach Deutschland kam. Einige Ansätze gab es zwar schon vor dem letzten Weltkrieg, doch erst in den Nachkriegsjahren erlebte das Troggärtnern auch in Deutschland einen kräftigen Aufschwung. In Österreich gestaltete Dr. Rosenstingl, Gmunden, um 1930 seine „Sinterkisten-Kulturen“. Diese Miniaturfelsgärtchen waren meist nur etwa 25–30 cm groß und ähnlich gestaltet wie die „Slab-Gardens“ in England. Als Gerüst diente ein imprägniertes Holzkistchen in der Größe von ca. 25–30 cm. Hierauf wurden Steine, Sinter oder Tuffstein aufgebaut und die engen Zwischenräume mit alpinen Zwergpolstern bepflanzt. So ergaben sich reizvolle alpine Miniaturgärtchen, die leicht an entsprechenden Plätzen, sei es auf dem Fensterbrett oder sonstwo, aufgestellt werden konnten. Karl Foerster berichtete schon 1936 in seinem Buch „Der Steingarten der sieben Jahreszeiten“, von Miniatursteingärtchen in Balkonkästen, vornehmlich aus Holz, sowie von tragbaren Miniaturgärtchen in extra angefertigten, winterfesten Schalen. Damals zeigte Karl Foerster schon auf, welche fast unausschöpflichen Möglichkeiten der Verwendung von winterharten Pflanzen im Garten und am Haus, sei es am Balkon oder auf der Dachterrasse, gegeben sind. Er schrieb damals, 1936, es sei traurig und ein Jammer, daß Miniatursteingärten in Schalen und Balkonkästen noch so wenig gestaltet würden. Für Balkone und Dachgärten gäbe es größere Möglichkeiten der Pflanzenverwendung als irgend jemand ahne. Aber erst die Nachkriegsjahre brachten den Durchbruch in Deutschland.

Doch sehen wir noch einmal nach England. Bedingt durch die weitverbreitete Leidenschaft der Engländer für Gebirgs- und Alpenpflanzen, wurden in England die vorhandenen Steintröge bald knapp. Auch Tuffstein, der für die Alpenpflanzenkultur sehr gut geeignet ist, war z. T. sehr schwer zu beschaffen. Ein findiger Kopf kam so auf die Idee, Tuffstein selbst herzustellen. Er verwendete ein Gemisch aus *Sphagnum*-Torf, Sand und Zement und gewann damit ein poröses Material, das in seinen Eigenschaften dem Tuffstein sehr nahe kam. Einem Experten des Baufachs mag solch eine Mischung nicht ganz geheuer vorkommen, und er wird es kaum für möglich halten, daß der saure Torf und der alkalische Zement sich miteinander vermischen und sich vertragen, ohne mit- oder gegeneinander zu reagieren. Nun, die Praxis hat gezeigt, daß solch eine Mischung möglich ist. Diese sog. Hypertufa-Mischung wurde zuerst nur als Tuffsteinersatz verwendet. Doch bald schon wurden aus diesem Material, wenngleich in der Zusammensetzung leicht abgewandelt, ganze Tröge gegossen. Richtig bearbeitet, sind solche Tröge aus „Hypertufa“ schon nach kurzer Zeit kaum von einem echten, alten Steintrog zu unterscheiden. Bald schon siedeln sich Algen, Moose und Flechten an, während ein normaler Betontrog Jahre braucht, um, wenn überhaupt, sein nacktes Aussehen zu verlieren und etwas Patina anzusetzen.

War man früher der Meinung, Tröge aus Beton seien ungeeignet für die Kultur von

Pflanzen, insbesondere alpiner, so hat sich inzwischen gezeigt, daß das Gefäßmaterial nur von untergeordneter Bedeutung ist. Ob aus Stein oder Beton, aus Holz oder Kunststoff – vom Pflanzenwachstum her macht das kaum einen Unterschied.

In den letzten Jahren hat die Entwicklung des „Mobilen Grüns“ viel dazu beigesteuert, ein Stück Natur fast bis auf die letzte Terrasse und den Balkon zu tragen. Sehr wesentlich spielt dabei eine Rolle, daß zwar die Gärten immer kleiner oder völlig verdrängt werden, die Idee „Garten“ aber lebendig geblieben ist und nun in ihren Ausweichquartieren Balkon, Terrasse oder gar Fenstersims in anderer Form verwirklicht und neu gestaltet wird. Folgerichtig kann vielen Menschen die Freude allein an der überwältigenden, aber doch zeitlich begrenzten Farbenpracht der Sommerblumen nicht mehr genügen. Sie verlangen nach einem Stückchen echter Natur, einer Dauerbepflanzung, die das ganze Jahr über draußen bleibt, sie am Wandel der Jahreszeiten teilhaben und noch im tiefsten Winter ein wenig lebendige Natur spüren läßt.

Diese Hinwendung zu einer anderen Art Schönheit und einer anderen, vertieften Art der Pflege von Pflanzen bedeutet keinesfalls den Verzicht auf Schmuck und Farbe – man denke nur an die Steingartenstauden, die wie geschaffen sind für eine dekorative, winterharte Bepflanzung. Wesentlich zurückhaltender und feiner ist die Schönheit der Gebirgs- und Felspflanzen, die denn auch in die „Kostbarkeitsvitrinen“ alpin gestalteter Miniaturgärten gehören. Um den auch für die formale Lösung nicht unwichtigen Unterschied grob zu skizzieren:

Steingartenstauden stammen zwar zu einem großen Teil aus alpinen Regionen, sie sind aber robust genug, um sich auch ohne weitreichende Unterstützung durch den Menschen in den Gärten zu behaupten; „Stein“ ist für sie schmückende Beigabe, keine Lebensnotwendigkeit. Sie sind widerstandsfähig und winterhart, meist blühwillig und farbenfroh. Um Gebirgs- und Alpenpflanzen dagegen muß der Mensch sich bemühen; sie stellen differenziertere Ansprüche, deren Erfüllung ein Muß ist (z.B. Dränage und Gestein); sie verlangen Näherkommen und Betrachtung, jede Pflanze für sich. Denn sie sind Solisten. Sie machen Kammermusik, Steingartenstauden Orchestermusik – wer wollte bestreiten, daß jede ihren eigenen Reiz hat!

Für den Alpinenfreund steht fest: es gibt nichts Schöneres als in einem Balkonkasten, einem Blumentrog oder gar auf einem Tischgarten ein Stück Natur nachzuempfinden und nachzugestalten und hier Gebirgs- und Alpenpflanzen zu hegen und zu pflegen. Der gestalterischen Möglichkeiten im Garten oder am Haus gibt es viele. Allerdings für die Gestaltung und Pflege solcher Miniaturgärten ist eine große Liebe zu den Pflanzen notwendig, und die Welt dieser Gebirgs- und Alpenpflanzen wird sich nur dem ganz erschließen, der sich in sie einfühlen kann. Denn der zauberhafte Reiz dieser unendlich vielfältigen Flora kann nirgendwo besser eingefangen werden als in solch einem kleinen Miniatursteingarten oder Kleinalpinum.

Dank den modernen Kulturmethoden ist es heute wesentlich einfacher geworden, diese reizvollen Pflanzenschätze mit Erfolg selbst zu kultivieren. Schon diese Tatsache trägt viel dazu bei, daß winterfest bepflanzte Miniaturgärten immer stärkere Verbreitung finden. Immer mehr Pflanzenliebhaber entdecken die vielfältige Welt der Alpen- und Gebirgspflanzen.

Möglichkeiten der Gestaltung

1 Allgemeine Prinzipien

Allen alpinen Miniaturgärten ist eines gemeinsam: sie sind unabhängig vom Untergrund, d.h. losgelöst vom Boden mit seinen vielschichtigen Zusammensetzungen, sei es, daß sie als Tisch- oder Troggärten durch eine entsprechende Unterlage angehoben werden, sei es aber auch, daß Miniatursteingärten, Wallgärten oder ähnliche Arten gegen den gewachsenen Untergrund isoliert werden. Diese Aufgabe übernimmt die allen Miniaturgärten gemeinsame Dränschicht aus grobem Kies (auf Dachgärten und Balkonen auch, des leichteren Gewichtes wegen, aus Blähton oder Styromull). Die Trennung vom Boden ist die erste Voraussetzung für eine erfolgreiche Kultur von seltenen Gebirgspflanzen. Können doch so die in Frage kommenden winterharten Gebirgspflanzen in ihre ganz speziellen Pflanzsubstrate gesetzt und ihnen damit fast optimale Wachstumsbedingungen geschaffen werden. Das allerwichtigste jedoch ist ein besonders guter Wasserabfluß. Deshalb ist immer auf eine vorzügliche Dränage zu achten. Alle überflüssige Feuchtigkeit muß jederzeit ablaufen können – stauende Nässe bedeutet für viele alpine Pflanzen den sicheren Tod. Wenn diese Grundvoraussetzungen beachtet werden, also für eine gute, ausreichende Dränage und für eine lockere, luftige und durchlässige Pflanzenerde gesorgt wird, dann können Alpine in allen Arten von Gefäßen und Miniaturgärten gedeihen.

Aus ästhetischen Gründen sollte beachtet werden, daß es gerade bei den winterharten Vertretern der Gebirgswelt sehr auf ein harmonisches Zusammenspiel zwischen Pflanze und Gefäß ankommt. Die überschäumende Blütenfülle der Sommerblumen paßt eher zu einem etwas ausgefallenen Gefäß als die mehr stille und vornehme Zurückhaltung der Gebirgspflanzen, die deshalb nicht minder ansprechend und wirkungsvoll sind. Mit ein bißchen Einfühlungsvermögen in das Wesen dieser Pflanzen ist es nicht allzu schwer, eine ausgewogene Gestaltung zu erreichen. Wieder ist es der Ferne Osten, der dafür Vorbild sein kann. Das Nachempfinden und Nachvollziehen der Natur auf kleinem und kleinstem Raum wird von Chinesen und Japanern meisterhaft beherrscht, sei es in einer kleinen Gartenanlage im oder am Haus, oder sei es die harmonische Wechselwirkung von Gefäß und Pflanze bei den japanischen Bonsai-Bäumchen oder den Saikei-Fels-Landschaften. Immer ist es wichtig, daß bei der Gestaltung und dem Aufbau winterfester Miniaturgärten die Hauptfaktoren, nämlich Gefäß, Pflanzung und Standort, auf eine natürliche Weise zusammenwirken. Beachtet man die genannten sachlichen und ästhetischen Grundbedingungen, so ergeben sich fast unerschöpfliche Möglichkeiten und Abwandlungen der Gestaltung von winterfesten Miniaturgärten; dies gilt für jede ihrer zahlreichen formalen Möglichkeiten.

2 Klassisch: der Troggarten

Der klassische Miniaturgarten ist der Trog. Mag ein kleiner zunächst nur als winterfestes Gefäß für einzelne Gebirgspflanzen gedacht sein, so erfüllt ein größerer schon eher den Wunsch, sich ein Stück Natur auch ohne eigenen Garten auf den Balkon oder die Terrasse zu holen. Für das Pflanzenwachstum ist weder die Größe noch die Form des Troges entscheidend. Eine gewisse Rolle hingegen spielt seine Tiefe; für manche Pflanzen darf der Trog nicht zu flach sein. Je flacher er ist, um so schneller wird die Erde austrocknen. Doch ist die Auswahl an geeigneten Pflanzen so groß, daß selbst Tröge oder ausrangierte Küchenausgüsse, deren Tiefe nur etwa 10–12 cm beträgt, genau so brauchbar sind wie etwa eine flache Schale. Sehr interessant und wirkungsvoll sind natürlich alte, steinerne Futtertröge, wie Schweinetröge mit einer aus dem Stein gehauenen Schüttschnauze oder Rindertröge, an denen die eisernen Ringe zum Anbinden der Tiere noch vorhanden sind. Manchmal kann man auch noch einen ausgedienten Brunnentrog aufstöbern. Meist ist dann jedoch der Transport schon wegen des großen Gewichts etwas problematisch. In den Schmieden wurden früher steinerne Tröge als Wasserbecken benutzt, um darin das glühende Eisen abzukühlen. Solche alten Prachtstücke eignen sich ganz hervorragend für eine entsprechende Gestaltung. Es ist nebensächlich, ob ein Trog aus Kalkgestein oder aus Sandstein besteht; Kalkstein ist meist etwas weicher und brüchiger. Auch sollte man sich nicht scheuen, einen schon in die Brüche gegangenen Trog zu erwerben: Seine Einzelteile können an Ort und Stelle wieder zusammengesetzt werden, auf einem guten Unterbau meist ohne Zement, dafür mit Pflanzen in den Rissen und Fugen, wodurch ein solcher Veteran dann eine besonders naturhafte Note erhält. Auch Tröge ohne Boden sind ohne

Alter Futtertrog, alpin bepflanzt mit Gebirgspflanzen und Zwergkoniferen

Auch ein niedriger steinerner Küchenausguß kann bepflanzt werden

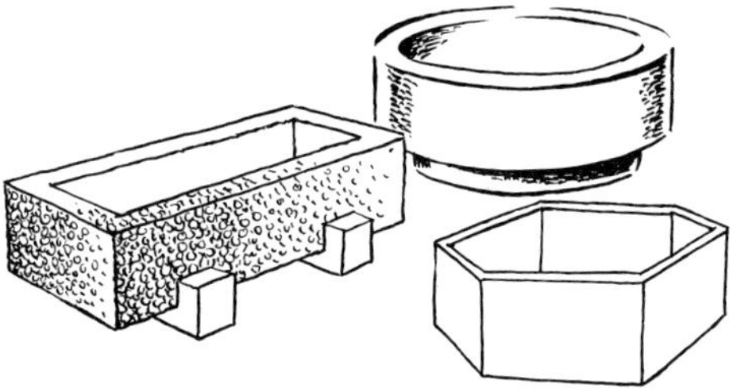

Handelsübliche Tröge aus Beton in verschiedenen Formen

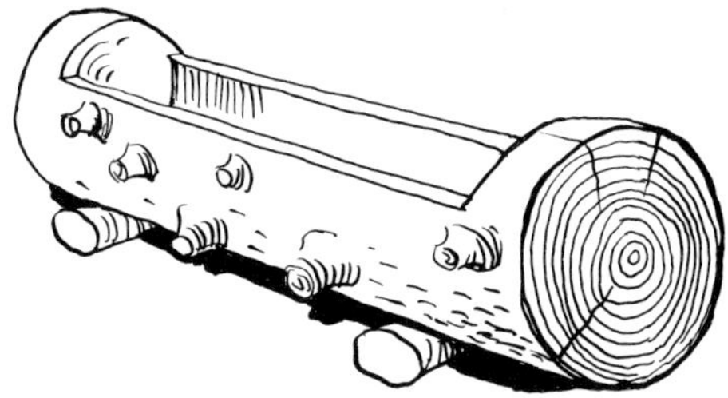

Ein hölzerner Brunnentrog bietet sich gut zur Bepflanzung an

Einschränkung zu gebrauchen. Aus alten Bauern- oder Patrizierhäusern, auch aus alten Scheunen, kommen manchmal noch aus Stein gehauene Fensterumrahmungen, die auf eine entsprechende Unterlage gelegt, einen guten Trog abgeben. Wer in einer ländlichen Gegend lebt, muß nur einen Blick dafür haben, was alles als Trog verwendet werden kann, und er wird noch manches Brauchbare auftreiben; ja echte Funde werden leider immer rarer.

Aber man kann sich ja mit anderem behelfen. So sind Tröge aus Beton oder ähnlichem Material ohne weiteres zu akzeptieren. Es gibt heute Betontröge in fast allen Formen und Abmessungen, viereckig, rechteckig, rund oder als Vieleck. Ein Trog aus Waschbeton paßt sehr gut auf die Terrasse eines modernen Hauses. Die meisten Hersteller führen ein umfangreiches Sortiment an Trögen aus Waschbeton, Sand- oder Kalkstein. Die Betontröge eignen sich ebenso gut wie alte Steintröge zur alpinen Bepflanzung. Sie haben sogar meist den Vorteil, daß man sie gleich in der richtigen Größe aussuchen kann.

An den heutigen Wohngebäuden sorgen gute Architekten häufig schon bei der Planung für Pflanztröge an Balkonbrüstungen und Terrasseneinfassungen. Auch sie eignen sich ohne weiteres für Miniaturgärten, sofern im weiteren Verlauf nichts verkehrt gemacht wurde. Nur allzuoft wird während des Rohbaus der Einfachheit halber mit dem noch vorhandenen Baukran eine meistenteils nicht brauchbare Erde in die Tröge gefüllt, häufig sogar ohne Dränageschicht. Einen solchen „Mutterboden" später entsprechend pflanzfertig aufzubereiten, erfordert Mühe und zusätzliche Kosten. Bei einer richtigen und rechtzeitigen Planung und Abstimmung mit der Bauausführung kann dagegen das Material – Torf, TKS, Styromull, Sand – leicht hochtransportiert und auf dem Neubau gleich eine individuelle, winterharte Bepflanzung mit Alpen- und Gebirgspflanzen eingeplant und ausgeführt werden. Sie ist beileibe nicht weniger schön als eine Bepflanzung mit Sommerblumen.

Aus Rundhölzern gebaute Pflanzstelle

Selbstverständlich gibt es Tröge nicht nur aus Stein und Beton; da ist vor allem das Holz zu nennen. Ein ausgehöhlter Baumstamm, ein alter hölzener Brunnentrog, ein halbiertes Faß, ja sogar eine alte Backmulde kann als Pflanztrog Verwendung finden. Besonders wirkungsvoll sind auch Pflanztröge, die aus Rundhölzern gebaut werden. Wichtig bei allen Trögen aus Holz ist jedoch eine gute Imprägnierung, damit die Lebensdauer nicht zu kurz ist. Die Haltbarkeit von Fässern ist sehr groß, doch gerade bei dieser Art von Pflanzgefäßen ist es notwendig, auf ein gutes Einfügen in die Gesamtgestaltung, in die Umgebung, zu achten.

Originell sieht ein aus einer Wettertanne gearbeiteter Holztrog aus

Pflanztröge sollten immer etwas erhöht über dem Erdboden stehen. Sie gewinnen dadurch optisch eine gewisse Leichtigkeit und rücken dem betrachtenden Auge näher; außerdem wird durch diese Maßnahme die Dränage gefördert!

3 Rahmen für einen Naturausschnitt: Tischgarten

Im „Alpengarten Pforzheim" entstanden Tischgärten aus dem Wunsch heraus, auf einer gegenüber dem normalen Trog we-

Asbestzement-Trog auf Karlsruher U-Steinen

sentlich vergrößerten Pflanzfläche mehr zu zeigen und dieses Mehr dem Betrachter deutlicher und bequemer darzubieten als im Trog. Es zeigte sich, daß die vergrößerte Fläche nicht wie beim Trog eben bleiben konnte – sie verlangte nach einer Art topografischer Gestaltung, nach naturhaften Details. Tatsächlich kann erst auf einem Tisch ein wirklich alpines Miniaturgärtchen so richtig angelegt werden – da trennen kleine Talmulden die Erhebungen mit Felscharakter, dort wird ein alter Wurzelstrunk eingebaut. Ein Tischgarten kann fast überall aufgestellt werden, auf der Terrasse, im Atrium, an einer markanten Stelle im Garten, und er kann als Mittelpunkt wie als Hintergrund ein belebendes Element der Gartengestaltung sein. Der Tischgarten eignet sich besonders gut zur Pflege der kleinen, seltenen Pflanzen der Gebirgswelt, die bei einer gelungenen Gestaltung eines Tisches sehr informativ dem betrachtenden Auge dargeboten werden. Steht bei der Bepflanzung eines Troges die einzelne Pflanze mehr im Vordergrund, in Wechselwirkung mit Stein und Umgebung, so wird bei einem Tischgarten fast durchweg die interessante Gesamtgestaltung dominieren, wobei einige Zwergnadelgehölze oder -sträucher die Akzente setzen. In diese Gestaltung fügen sich dann die zierlichen Gebirgspflanzen ein und vollenden das Gesamtbild eines Tischgartens. Trotz der Liebe zum Detail sollte jedoch die Gestaltung nicht verspielt wirken. Diese Gefahr besteht sehr leicht, und nur allzuoft verunzieren Zwerglein, putzige Kühe, Sennen und Sennerinnen samt Hütten einen sonst gut angelegten Tischgarten. Je natürlicher die Gestaltung wirkt, desto gelungener ist sie.

Tischgärten können aus vielerlei Material hergestellt werden. Waren die ersten Tische im „Alpengarten Pforzheim" noch recht einfach – die Beine aus Hohlblocksteinen, der Rand mit gewöhnlichen Ziegelsteinen gemauert – , so wurde der Aufbau bald verfeinert; 1967 wurden Tischgärten zusammen mit Trögen vom „Alpengarten Pforzheim" erstmals auf der Bundesgartenschau in Karlsruhe einer größeren Öffentlichkeit vorgestellt.

Tischgarten auf U-Steinen, der Rand aus Klinker gemauert

Inzwischen hatte es sich längst erwiesen, daß Tischgärten sehr gut geeignet sind, Alpinen auf kleinstem Raum zu gestalten. Den Gebirgs- und Alpenpflanzen können damit noch bessere Wachstumsbedingungen geboten werden als in den kleineren Trögen. Dabei kommt es, wie bei den Trögen, weder auf das Material noch auf die Größe an; entscheidend ist auch nicht, ob nun die Pflanzfläche nur leicht modelliert oder ob ein kleines Felsgebirge darauf aufgebaut wird – die Möglichkeiten einer naturhaften Gestaltung sind gerade bei Tischgärten sehr vielfältig – , was für ein gutes und dauerhaftes Gedeihen der Gebirgs- und Alpenpflanzen allein zählt, ist wiederum eine gut funktionierende Dränage und eine den jeweiligen Pflanzen entsprechende, lockere und durchlässige Pflanzerde. Die laufende Pflege ist leicht durchzuführen. Alle Flächen sind von allen Seiten zugänglich, und man braucht sich kaum zu bücken. Ein weiterer Vorteil ist, daß fast alle Details sich in Augennähe befinden und die Betrachtung der Pflanzenschätze so noch viel interessanter wird.

4 Am Boden: Miniatursteingarten, Kleinalpinum (Felsgarten)

Gemeinsam ist diesen Gärtchentypen, daß sie ihren Platz am Boden haben, von dem sie freilich eine wohlbemessene und wegen des Anschlusses an den Untergrund hervorragend wirksame Dränschicht trennen muß. Gemeinsam ist ihnen auch ihre „Anlehnungsbedürftigkeit": sie behaupten sich optisch besser, wenn sie eine Wand, eine Mauer im Rücken haben; das schließt eine freistehende Anlage nicht aus. Nun zu den Unterschieden:

Unter „Steingarten“ ist ein Gartenteil zu verstehen, bei dem einzelne Steine oder Steingruppen lediglich als Gestaltungsmittel, nicht aber zur Befriedigung von Standortansprüchen der dort angesiedelten Pflanzen verwendet werden; Steingartenstauden sind nicht an den Stein gebunden, ganz im Gegensatz zu den Alpen- und Gebirgspflanzen. Extra für sie werden Alpinen oder Felsgärten geschaffen (was dasselbe bedeutet) ; dort ist der Stein Kulturmittel zu dem Zweck, zusammen mit einer exzellenten Dränage und ausgewählten Erden den natürlichen Standortbedingungen der Alpen- und Gebirgspflanzen möglichst nahezukommen.

Die Gärtchen erhalten, wie im Kapitel „Bau“, Seite 23, ausführlich dargelegt wird, eine nicht zu hohe Einfassung aus Stein oder Holz; im übrigen werden sie ebenso angelegt und aufgebaut wie Tröge oder Tischgärten.

Es gibt wohl kaum einen Gartenteil, der auf kleinstem und engstem Raum so vielseitig und interessant bepflanzt werden kann wie ein Kleinalpinum oder Felsgärtchen, zumal wenn es so angelegt ist, daß es Sonnen- und Schattenlagen besitzt. Wichtig ist viel Licht, was nicht „pralle Sonne“ heißen soll.

Hervorragend geeignet sind für die Kultur von besonders seltenen und etwas schwierigeren Gebirgspflanzen die sogenannten Felsgärten, in England „Cliff Gardens“ genannt. Zu ihrem Aufbau werden meist Tuffsteine oder bizarre, durchlöcherte Kalksteine bevorzugt; unregelmäßiges Material aus Sand- oder Kalkstein ist jedoch ebenso brauchbar. Diese Felsgärten, die leicht an eine Wand gelehnt werden können, sehen wie ein Stück Felslandschaft aus, das für die Gebirgspflanzen ideale Wachstumsbedingungen bietet. Wer sich

Ein Felsgarten wird mit viel Stein gestaltet und alpin bepflanzt

mit Raritäten befaßt, zumal heiklen, der kann die kleine Anlage mit durchsichtigem Kunststoff überdachen. Das ist meist leicht zu bewerkstelligen und bietet doch die Vorteile eines Alpinenhauses für die nässeempfindlichen und dadurch etwas schwieriger zu pflegenden Hochgebirgspflanzen. Für sie kann eine einfache Überdachung mit ungehinderter Luftzirkulation eine durchaus befriedigende, oft sogar die glücklichere Lösung sein.

Der Wallgarten wird wie eine Trockenmauer aufgebaut

5 Sachlich: Wallgarten und Hochbeet

Eine weitere, sehr aussichtsreiche Möglichkeit, Gebirgspflanzen mit Erfolg im Garten zu ziehen, bieten die hauptsächlich in England verbreiteten Wallgärten und Hochbeete.

Wallgärten sind regelmäßige Steinanlagen, die man mit einer doppelseitigen Trokkenmauer vergleichen könnte. Sie erheben sich etwa 1–2 m über den umgebenden Grund. Ihr Durchmesser an der Basis beträgt etwa 2 m; die Seiten sind leicht nach innen geneigt, und so entsteht oben ein kleines Plateau von etwa 1 m Breite – ein reiner Zweckbau für Sammler, dessen Aus-

Das Hochbeet mit regelmäßigem Aufbau paßt gut in die Nähe des Hauses

führung denn auch weniger künstlerisches Gespür als handwerkliches Geschick erfordert. Wenn irgend möglich, sollten sich Wallgärten von Ost nach West erstrecken, damit eine Sonnen- und eine Schattenseite vorhanden ist. In England werden sie oft mitten in einer Rasenfläche angelegt und sind dann von allen Seiten leicht zugänglich.

Das eigentliche Geheimnis eines Wallgartens wie auch eines Hochbeetes ist, dank einem entsprechenden Steinkern, die besonders gute Dränage. Es gibt kaum einen Platz, an dem Gebirgs- und Alpenpflanzen sich wohler fühlen und besser gedeihen als im gut aufgebauten Wallgarten und Hochbeet.

Hochbeete können etwas breiter angelegt werden als Wallgärten; sie sollten jedoch nicht viel höher sein als 50–80 cm. Hochbeete werden auch mit regelmäßigen Steinen aufgebaut und fügen sich, vor allem entlang dem Weg zum Haus und am Rand der Terrasse, sehr gut in die Gesamtgestaltung ein.

Einige Kalkknollensteine bilden zusammen ein Felsgärtchen

6 Naturgetreu: Kalkknollenstein

Eine naturgetreue Art, winterharte Gebirgspflanzen auf kleinstem Raum zu hegen, ist die Ansiedlung auf Steinen. In manchen Kalkgebirgen, z.B. auf der Schwäbischen Alb, findet man häufig bizarre Gesteinsbrocken mit vielen Löchern und Hohlräumen – manchmal sehen sie wie Totenschädel aus. Der eingelagerte, weiche Kalk wurde mit der Zeit ausgewaschen, und nur das harte, schwer verwitternde Gestein blieb übrig, ein sogenannter Kalkknollenstein oder „Katzenkopf". Steine dieser Art gibt es in allen Größen, bis hin zu kleiner Felsgröße, und sie machen

Auch ein einzelner Kalkknollenstein mit interessanter Bepflanzung wirkt schon sehr apart

auch unbepflanzt einen guten Eindruck. In den Hohlräumen und Einbuchtungen der Steine fühlen sich die kleinen Gebirgs- und Alpenpflanzen besonders wohl, sind doch die Fugen und Löcher ideale Pflanzplätze für alpine Raritäten wie Alpenwaldmeister, Igelpolster, oder Bitterwurz. Wenn aus solch einem Stein die verschiedensten Zwergpolster hervorquellen und sich z.B. Hauswurzarten und Steinbrech in die Ausbuchtungen schmiegen, dann wird der Pflanzenliebhaber an diesem Anblick immer wieder seine Freude haben.
Zum Bepflanzen füllt man die Löcher mit einer lockeren, luftigen Erde; für die Bepflanzung selbst sind auf Seite 60 Anleitungen gegeben. Als Unterlage für einen Stein eignet sich gut eine dicke Steinplatte, ein alter, runder Schleifstein, gar ein Mühlstein, oder auch ein dickes Stück Stammholz vom unteren Ende eines gefällten Baumes. Leicht können auch zwei oder mehrere Brocken auf einer entsprechenden Unterlage zusammengefügt werden, so daß die Wirkung eines einzelnen, größeren Felsgesteins entsteht. Die sich zwischen den Steinen ergebenden Zwischenräume und Fugen können besonders gut bepflanzt werden. Diese Steine sind sehr anpassungsfähig – sie stehen überall, wo es dem Besitzer gefällt, völlig richtig.

7 Apart und nützlich: Balkonkasten, Kübel und Schale

Wer Miniaturgärtchen in der Anlage noch zu aufwendig findet oder wer außer Fensterbrett und Balkon keinen weiteren Platz zur Verfügung hat, der braucht trotzdem nicht auf winterharte Pflanzenschätze zu verzichten – auch in einem Balkonkasten kann ein winterfestes Miniaturgärtchen angelegt werden. Dazu würde bereits ein normaler, 15 cm breiter Kasten genügen; vorzuziehen sind aber die 20 cm breiten Kästen. Das Material – meist Eternit, Fulgurit oder Kunststoff, auch Holz – ist unwesentlich; wichtig ist dagegen bei Kästen aus Holz, daß sie durch gute Imprägnierung an Haltbarkeit gewinnen. Vielfach

Dauerhaft bepflanzter Balkonkasten

Winterfest bepflanzte Schalen müssen aus einem frostsicheren Material sein

werden die Kästen mit kleinen Nadelgehölzen winterfest bepflanzt, zwischen die im Frühjahr sommerblühende Balkonpflanzen gesetzt werden. Ausgesprochene Alpinenliebhaber können jedoch jederzeit auch ausdauernde, winterharte Stauden und Gebirgspflanzen in den Balkonkästen pflegen.

Neben Balkonkästen eignen sich für den Alpenpflanzenliebhaber auch Schalen und Kübel. Diese müssen unbedingt winterfest sein und Frosteinwirkung unbeschädigt überstehen. Solche Schalen können sehr reizvoll bepflanzt werden, z.B. mit einer urwüchsigen Zwergkonifere, um deren Fuß sich einige alpine Zwergpolster ausbreiten und über den Schalenrand wachsen. Eine solche Schale ergibt immer ein sehr ansprechendes Bild und findet überall im Freien ihren Platz, nicht jedoch im Zimmer, besonders nicht im geheizten Raum. Stubenluft ist nichts für Alpine; nur einige wenige halten in Schalen und anderen Gefäßen auf dem Fensterbrett innerhalb eines Zimmers aus, und auch das nur dann, wenn sie mit viel Sachkunde und Erfahrung gepflegt werden. Deshalb sind sie fast ausschließlich dem Kenner vorbehalten. Aber ist es nicht viel schöner und interessanter, wenn gleich nach einem grimmigen Winter schon im Vorfrühling in einem Kasten oder einer Schale draußen vor dem Fenster sich die Pflanzen regen und die ersten Blüten sich entfalten? Wer bekommt da nicht Lust, es doch einmal zu versuchen! Dazu sollen auch die abgebildeten Beispiele und die weiteren Ausführungen zum Thema „Kästen, Kübel und Schalen“ (Seite 68 und 135) anregen.

Bau von Miniaturgärten

1 Standplatz und Umgebung

Der Alpinenliebhaber wird in der Regel von den gewünschten Pflanzen ausgehen und danach einen geeigneten Standplatz erkunden. Sollen z.B. schattenliebende Pflanzen bevorzugt werden, Zwergalpenrosen oder Alpenveilchen, so darf ein Trog nicht in die volle Sonne zu stehen kommen. Bei einem Tischgarten besteht schon eher die Möglichkeit, auch an einem sonnigen Standort durch eine entsprechende Gestaltung für absonnige und leicht schattige Pflanzstellen zu sorgen; bei einem kleineren Trog ist dies kaum möglich. Meist werden Tröge oder Tische jedoch an einem hellen, sonnigen Platz zu stehen kommen. Gute Standplätze, an denen sie auch als gartengestalterisches Element zur Geltung kommen können, sind für Tröge und Tische alle Terrassen, entlang immergrünen Hecken oder vor Wänden und Mauern. Eine größere Sammlung von Trögen kann sehr gut die Begrenzung entlang einem Weg abgeben, ganz besonders, wenn dieser etwa den Übergang von einer Rasenfläche zum Staudenbeet bildet. Doch ist ein ruhiger Hintergrund meist am besten geeignet. Bei der Aufstellung auf oder am Rande einer Rasenfläche ergibt sich meist das Problem, daß der Rasenschnitt um die Tröge herum schwierig wird. Zur Abhilfe legt man unter oder neben den Trog Platten. Falls ein Rasenstück von einem Weg begrenzt wird und dort ein oder mehrere Tröge aufgestellt werden sollen, kann der Weg an solch einem Trog einfach ausgebuchtet werden, damit der oder die Tröge nicht auf der Rasenfläche stehen. Es ist meist einfacher, Platten unter einen Trog zu legen oder zu pflastern, als den Rasen um den Trog mit der Hand zu mähen. Eine Schicht Kies oder Schotter erfüllt den gleichen Zweck. Ein weiterer praktischer Gesichtspunkt ist der Wasseranschluß. Vielleicht lohnt es sich, gleichzeitig mit dem Bau des Miniaturgärtchens eine Leitung zu verlegen? Auf diese Frage wird auf Seite 62 eingegangen.

2 Vorhandene Gefäße herrichten

Damit der schöne alte Steintrog unseren Zwecken dienen kann, müssen bei ihm noch die Abflußlöcher geschlagen oder gebohrt werden. Dazu stülpt man am besten den Trog um; so kann man leicht von außen her mit einem Meißel ein Loch in die Mitte des Trogbodens schlagen. Ein einfacher Meißel, am zweckmäßigsten ein Rundmeißel, und ein Fäustel oder ein etwas schwerer Hammer, sind dafür geeignet. Nun mit dem Meißel langsam und geduldig ein Loch in den Trog schlagen. Nach etwa 20–30 Minuten ist es geschafft, auch wenn der Boden noch so unüberwindlich dick aussah. Das letzte Stück bricht fast immer zum Ende hin aus, und es entsteht von innen her eine trichterförmige

Öffnung. Ein Abflußloch muß immer groß genug sein, damit es nicht so leicht verstopfen kann. Aus diesem Grund ist die Bearbeitung mit einem Meißel einem Bohrer vorzuziehen. Mit einem Bohrer erhält man doch nur sehr enge Löcher, und man sollte dann unbedingt mehrere Abflußlöcher bohren. Je größer ein Abflußloch ist, desto besser wirkt die unbedingt notwendige Dränage.
Einen auseinandergebrochenen alten Trog, dessen man vielleicht eher einmal habhaft wird, setzt man an Ort und Stelle wieder zusammen. Das geht meist ohne große Mühe, zumal auf einem einwandfreien Unterbau die Teile oft ohne Bindemittel halten; durch die vorhandenen Risse wirkt die notwendige Dränage besonders gut.
Aus den Rissen und Fugen werden bald einige Pflanzen wachsen; *Campanula cochleariifolia (syn. C. pusilla)*, die Alpenglokkenblume z.B., eignet sich ganz hervorragend für diesen Zweck und kriecht in allen Ritzen und Rissen weiter. Solch ein zusammengesetzter und bewachsener Trog wirkt dann ganz besonders interessant.

3 „Alte" Tröge, selbstgemacht

Für einen echten Liebhaber geht natürlich nichts über einen alten, schon verwitterten Steintrog. Nur woher nehmen? Zum Glück gibt es aber eine Methode, einen „alten" Trog selbst herzustellen, und das lohnt sich wirklich! Entstanden ist diese Methode in England, als man zu Beginn der „Trogwelle" noch annahm, Tröge und sonstige Gefäße aus Beton eigneten sich wenig für die Kultur von Alpenpflanzen. Auf der Suche nach einem tauglichen Er-

Alter Steintrog mit Schüttschnauze auf einem Plattenweg

satz für Tuffstein wurde eine Mischung aus Torf, Sand und Zement gefunden, die sich in etwas abgewandelter Form auch zur Herstellung von Trögen eignet. Solch ein selbstgemachter Trog ist schon nach kurzer Zeit kaum von einem alten, verwitterten Steintrog zu unterscheiden. Nicht nur das: Tröge dieser Art stehen unbeschadet schon über 20 Jahre in Wind und Wetter und halten immer noch, allen Unkenrufen zum Trotz. Wohl wird an solch einem Trog schon einmal durch die Frosteinwirkung im Winter etwas von der Außenfläche abbröckeln – dies läßt ihn nur natürlicher aussehen, und schließlich verwittern alte Steintröge mit der Zeit ebenfalls. Bei einer richtig gewählten Zusammensetzung der Mischung wird das Verwittern jedoch nicht zu einer Zerstörung des Troges führen.

a Material und Abmessungen

Material. Was später fast wie echter alter Stein aussieht, ist eine Mischung aus Torf, Sand und Zement. Das Verhältnis dieser

Anteile beeinflußt die Eigenschaften des fertigen Produkts. Je mehr Zement der Mischung beigegeben wird, desto stabiler und schwerer wird ein Trog, und desto mehr sieht er nach Kalkstein aus. Ein höherer Torfanteil gibt ihm Sandsteincharakter, macht ihn leichter und durchlässiger für Luft und Feuchtigkeit, bietet aber mehr Angriffspunkte für die Witterung im Winter, und die Haltbarkeit wird dadurch verringert. So ist eine Mischung von 2 Teilen Torf, 1 Teil Betonsand und 1 Teil Zement zwar sehr gut geeignet zur Herstellung von Ersatz-Tuffstein, für Pflanztröge ist sie jedoch zu porös und nicht hart genug.

Im „Alpengarten Pforzheim" wurden Versuche mit den verschiedensten Mischungen vorgenommen; als Ergebnis kann folgendes Mischungsverhältnis zur Herstellung von haltbaren Pflanztrögen empfohlen werden:

2 Teile Torf
3 Teile Betonsand
2 Teile Zement.

Ein Pflanztrog, hergestellt aus dieser Mischung und richtig bearbeitet, sieht schon nach wenigen Tagen einem alten, verwitterten Steintrog zum Verwechseln ähnlich, und man muß schon zweimal hinschauen, um einen Unterschied zu entdecken.

Abmessungen. Zuerst wird eine Form hergestellt; dazu müssen die Abmessungen festgelegt werden. Unbedingt anzustreben ist, daß bei jedem dieser selbsthergestellten Tröge die Maße stimmen, also Länge, Breite und Höhe in einem ausgewogenen Verhältnis stehen. Besonders wichtig ist das Verhältnis von Breite und Höhe; die Länge kann leichter variiert werden. Wer sich bei den Maßen an die Regeln des Goldenen Schnitts hält, wird immer einen wohlproportionierten Trog erhalten. Gute Proportionen sind aber nicht alles. Sehr wichtig ist vor allem eine ausreichende Tiefe, um den Pflanzen genügend Raum zur Entwicklung zu geben. Als Beispiel seien einige Größen angegeben, die sich als außerordentlich handlich erwiesen haben

Mehrere Tröge können gut an den Rand eines Weges gestellt werden

und die nicht zu schwer sind, um gut transportiert zu werden. Drei Maße könnte man als Standardgrößen bezeichnen: 60 cm lang, 35 cm breit, 28 cm hoch, oder 80 cm lang, 40 cm breit, 28–30 cm hoch und schließlich, als Idealgröße, 100 cm lang, 45 cm breit, 28–30 cm hoch, ein Standardmaß, das beliebig verlängert werden kann, ohne Höhe und Breite zu verändern. Tröge bis zu 2 m Länge sind ohne weiteres möglich. Ein solcher Trog wirkt natürlich besonders gut; er sollte allerdings an Ort und Stelle gegossen werden, denn sein Transport ist sehr mühevoll und schwierig.

b Konstruktion

Form aus Holz oder Karton. Wenn die Größe des herzustellenden Troges festliegt, wird die Form gefertigt. Sie kann sehr einfach gearbeitet werden, braucht sie doch nicht gar so akkurat zu sein. Alte Steintröge sind meist auch nicht sehr „präzis" ausgeführt – je handwerksmäßiger also die Form, desto natürlicher der fertige Trog.

Als Material für die Form dienen Abfallbrettchen, Dachlatten oder Kartons. Zimmert man die Form aus leichten Kistenbrettchen, die durchaus genügen, und biegen diese sich später beim Gießen etwas durch, so kann das den Reiz des fertigen Troges nur noch erhöhen. Er sieht dann viel natürlicher aus und wirkt nicht zu gleichmäßig. Sehr gut bewährt hat sich die aus einfachen Dachlatten zusammengesetzte Form. Ihr Vorteil besteht darin, daß die einzelnen Teile immer wieder verwendet werden können. Mit der Zeit kann so eine ganze Sammlung „alter" Tröge angefertigt werden. Durch einfaches Variieren der Länge erhält man immer wieder eine etwas andere Größe. Am mühelosesten gelangt man zu einer Form durch die Verwendung von Kartons. Für kleinere Tröge eignen sich z. B. alte Bananenkartons, die eine ganz passable Größe besitzen; doch auch wesentlich größere sind zu gebrauchen. Wichtig bei ihrer Benutzung als Gußform ist eine gute Abstützung der Außenwände, z. B. durch Torfballen, eine Mauer, Hohlblocksteine, einige Holzkisten (oder Bierkästen) u. a. m. Einige Unebenheiten kann man ruhig in Kauf nehmen; der fertige Trog kann dadurch im Aussehen nur gewinnen.

Die Herstellung der Holzform ist in den Abbildungen dieser Seite dargestellt. Die Außenwände werden ohne Boden frei auf einen ebenen, nur mit einer Plastikfolie abgedeckten Untergrund gestellt; sehr vorteilhaft schon für einen späteren Transport, wirkt es sich aus, wenn man sie auf eine entsprechend große, ebenfalls mit einer Folie abgedeckten Schaltafel stellt. Solche Tafeln, wie sie an jedem Neubau zum Einschalen verwendet werden, geben dem fertigen Trog später beim Transport die nötige feste Stütze. Die Außenwände werden nur zusammengestellt und möglichst an den Stirnseiten mit einigen Latten zu-

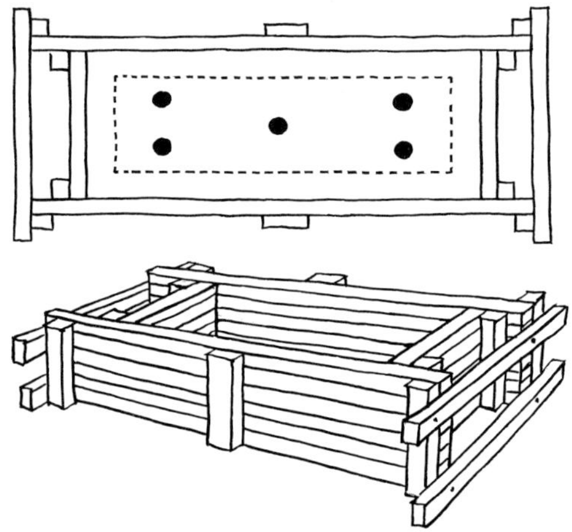

Trogform, aus Dachlatten gearbeitet

sammengehalten. So kann die Form ohne Mühe wieder entfernt werden.

Versteifung. Wenn die Form steht, muß noch einiges vorbereitet werden: Zur besseren Versteifung eines Troges ist es unbedingt angebracht, in den Boden und die Wände Draht, Baustahlgewebe oder Moniereisen einzulegen. Abfallstücke von dünnen Eisenstangen oder ähnliches können ohne weiteres verwendet werden. Dünne Eisenstäbe werden im rechten Winkel abgebogen, um die Ecken zu verstärken. Diese Materialien sollten schon vorher zurechtgeschnitten und bereitgelegt werden. Je mehr Eisen Verwendung findet, desto besser. Zur Stabilisierung des Bodens nimmt man vorteilhaft ein altes Drahtgeflecht, das ebenfalls schon vorher genau auf Maß gerichtet wird. Bei kleinen Trögen kann auf eine Armierung verzichtet werden, doch schadet eine Verstärkung durch Draht oder Eisen keineswegs.

Für die Abflußlöcher werden einfach von einem alten, runden Besenstiel vier bis fünf Stücke von gleicher, genau der Stärke des Trogbodens entsprechender Länge abgeschnitten; in der Regel sind das 8 cm. Diese „Stöpsel" sollen nicht nur die Abflußlöcher aussparen, sondern gleichzeitig den inneren Schalkern im richtigen Abstand abstützen, so daß er nicht in die Bodenmasse einsinken kann.

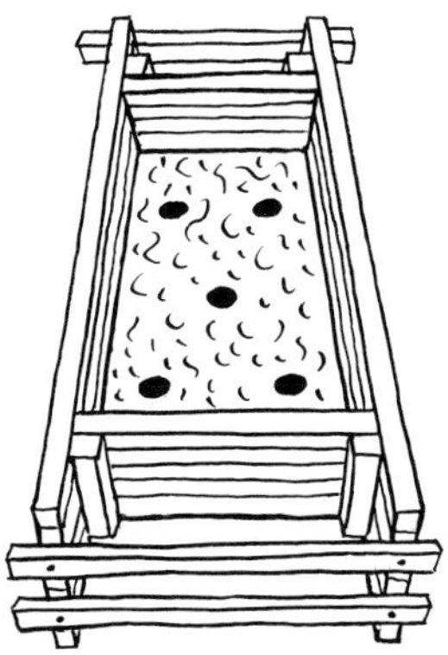

Anordnung der Abflußlöcher im Boden

Für den inneren Schalkern wird am besten ein Styroporblock verwendet, den es in jeder Baustoffhandlung in der Größe 100 × 50 cm gibt. Mit einer normalen Säge, am günstigsten mit einem größeren Fuchsschwanz, wird davon ein Brocken abgesägt, dessen Abmessungen genau den gewünschten Innenmaßen des Troges entsprechen. Diese Maße richten sich ganz nach der Dicke der späteren Trogwände. Dabei ist zu bedenken: Es ist immer besser, Boden und Wandungen nicht zu dünn zu machen; der Boden sollte stets etwas stärker als die Wände sein. Gut bewährt hat sich eine Bodenstärke von 8 cm und eine Wandstärke von 5 cm. Auch bei kleineren Trögen sollte die Stärke des Bodens und der Wände möglichst nicht unter 5 cm liegen.

Abstand einhalten. Um während der Arbeiten den Abstand zwischen Form und Kern immer sauber einhalten zu können, schneidet man sich als Hilfsmittel ein Stück Holz genau in der Stärke der Wände, also etwa 5–8 cm lang. Wer den Schalkern öfters verwenden möchte, teilt ihn senkrecht in einen kleinen und zwei größere Blöcke; der kleine Teil kommt in die Mitte, die beiden großen Stücke nach außen. So kann der Schalkern viel leichter wieder entfernt werden. Das gilt erst recht, wenn man ihn vollends mit einer Folie umgibt; dadurch bleibt er auch unbeschädigt.

c Herstellung und Nacharbeiten

Mischen. Sind alle Hilfsmittel bereitgelegt, wird trocken gemischt. Der zuvor feingesiebte Torf, je feiner desto besser, sollte nicht zu trocken sein. Alle Teile werden tüchtig miteinander vermengt. Ein gutes

Material für einen stabilen Trog erhält man aus folgender Mischung:

2 Teile gesiebter Torf

3 Teile Betonsand und

2 Teile Zement.

Die Menge einer Mischung richtet sich immer nach der Größe des jeweils herzustellenden Troges. Für einen Trog mit den Maßen 100 × 45 × 35 cm und einer Wandstärke von 8 cm benötigt man folgende Mengen:

1 Schubkarren (etwa 85 l) gesiebter Torf

$1^1/_2$ Schubkarren Betonsand und

1 Schubkarren Zement (etwa 1 Sack).

Diese Menge reicht aus, um zusätzlich zu dem Trog mit den angegebenen Maßen noch zwei bis drei kleine Tröge unter Verwendung von Kartons zu gießen.

Einfärben. Soll der Trog eingefärbt werden, so ist der trocken vorgefertigten Mischung Oxidfarbe beizugeben, und das Ganze ist nochmals gründlich durchzumischen. Pro Schubkarre Mischung verwendet man am besten 50–100 g Oxidfarbe, je nach gewünschter Farbstärke. Diese läßt sich leicht von Trog zu Trog variieren, wenn mehrere Tröge gegossen werden. Es gibt Oxidfarben zwar in verschiedenen Tönen, doch nur mit Oxidrot, allenfalls noch mit Oxidbraun erreicht man einen natürlichen Farbton. Ein mit Oxidrot gut eingefärbter Trog sieht dann wie ein frischbehauener Sandstein aus. Er braucht jedoch gegenüber einem nicht eingefärbten Trog länger, um Algen und Flechten anzusetzen und so den Charakter eines schon verwitterten Steintroges anzunehmen.

Anfeuchten. Mit oder ohne Farbzusatz wird dann die trockene Mischung mit Wasser versetzt, wobei es von Vorteil ist, nie zuviel auf einmal anzufeuchten. Zu naß sollte solch eine Mischung nicht sein, nur gerade so, daß eine dicke, breiige Masse entsteht.

Gießen. Zuerst wird der Boden der Form eingefüllt und die Drahtverstärkung ganz in die Masse eingedrückt. Die vorbereiteten Stöpsel, am besten 5 Stück, werden ebenfalls in die Mischung gedrückt und, wie auf Seite 27 ersichtlich, verteilt. So erhält der Trog genügend Abflußlöcher; der innere Schalkern steht sicher auf diesen Hölzern und hat eine gute Auflage. Ist der Boden soweit aufgefüllt, wird der Styropor-Schalkern auf die Stöpsel gesetzt. Der richtige Abstand von den Seitenwänden wird überprüft, dann werden die Zwischenräume der Wandungen verfüllt. Immer wieder wird die Mischung mit einem Holz gut festgestampft und das vorbereitete Moniereisen zur Verstärkung mit eingebracht (Abb. unten).

Ausschalen. Der fertiggegossene Trog muß nun abhärten, was wesentlich länger dauert als bei normalem Beton. Etwa nach 48 Stunden kann die äußere Form vorsichtig entfernt werden; der innere Schalkern dagegen bleibt vorerst noch an seinem Platz. Die Einzelteile der Verschalung sind meist ohne weiteres abzunehmen; bei Formen aus Karton wird dieser einfach abgerissen.

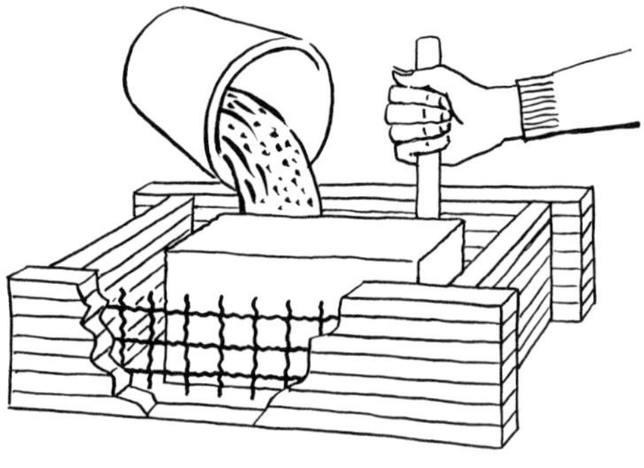

Während des Gießens wird die Mischung festgestampft und verdichtet

Oberflächenbearbeitung. Nun kommt die eigentliche Arbeit, das Trimmen der Oberfläche auf „Alt", denn erst eine richtige Behandlung gibt ihr das natürliche alte Aussehen. Das Material ist noch weich und geschmeidig, so daß die Außenflächen leicht zu bearbeiten sind. Zu diesem Zweck benötigt man eine nicht zu harte Bürste oder einen Handfeger, eine biegsame Spachtel und einen alten Meißel.

Mit der Spachtel wird der Rand des Troges abgekratzt und ausgeglichen, die Ecken und Kanten werden leicht abgerundet. Wenn dabei auch öfters mal ein Stückchen ausbricht, ist dies nur von Vorteil und meist auch gewollt, weil dadurch der Trog ja das alte, abgenutzte Aussehen erlangt. Die Außenseiten werden ebenfalls mit der Spachtel aufgerauht, immer in der gleichen Richtung, in der Waagerechten. Dadurch werden auch die Spuren der Schalung entfernt, und zu starke Unebenheiten und Ausbuchtungen können ausgeglichen werden. Sandkörnchen hinterlassen Rillen in den Außenseiten und ergeben die typische Struktur eines Steinblocks. Aber erst, nachdem mit einer Bürste die aufgerauhten Flächen abgefegt und wieder etwas geglättet wurden, erhält die Außenseite das richtige Aussehen eines Steinblocks. Den eigentlichen Charakter eines daraus gehauenen Troges bekommt dieser jedoch erst durch die weitere Behandlung mit einem Meißel, dessen oberes Ende wie bei einem altgedienten Stück leicht umgebördelt ist. Man umfaßt ihn an der Spitze und schlägt mit dem umgebördelten Teil leicht gegen die Außenseite des noch weichen Troges (Abb. rechts). So entstehen lauter kleine, unregelmäßige Vertiefungen, welche den Trog wie vom Steinmetz behauen erscheinen lassen, und dies um so echter, je mehr solcher Schläge geführt werden. Nun wird noch einmal alles mit der Bürste abgefegt. So runden sich alle scharfen Kanten, und der Trog erhält sein endgültiges, verwittertes Aussehen. Jeder, der solch einen Trog einmal „gebaut" hat, wird überrascht sein, wie ursprünglich und natürlich dieser wirkt – ganz oder fast wie ein alter Steintrog.

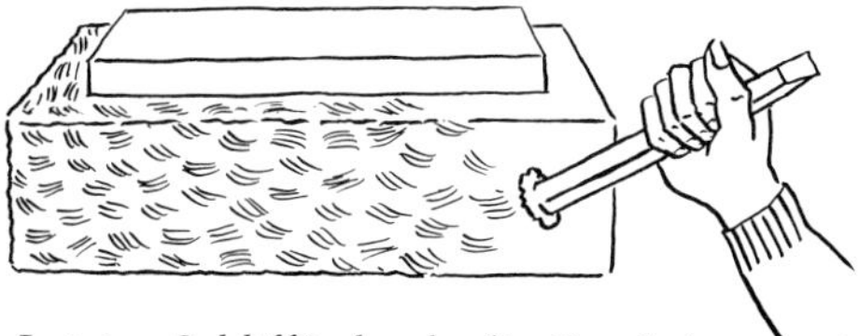

„Letzter Schliff" durch die Bearbeitung mit dem Meißel

Kern und Stöpsel entfernen. Der innere Kern, der beim Arbeiten am Trog für mehr Stabilität gesorgt hat, wird erst 2–3 Tage nach Beendigung aller Arbeiten am Trog entfernt; der ganze Trog sollte jedoch etwa eine Woche ruhig stehen bleiben, um ungestört abhärten zu können. Danach werden die hölzernen Stöpsel aus dem Boden herausgeschlagen, und der Trog kann aufgestellt werden. Trotz vorsichtigem Transport brechen manchmal noch einige Stückchen an den Kanten heraus. Man rundet dann einfach die Bruchkanten mit der Bürste wieder ab – und der Trog sieht noch älter aus. Meist schon wenige Wochen nach dem endgültigen Aufstellen setzt er durch Ansiedlung von Algen und dergleichen eine Patina an und ist von einem uralten Steintrog kaum mehr zu unterscheiden.

Aufbocken. Tröge sollten immer leicht erhöht über dem Untergrund stehen. Häufig genügt eine Schicht Ziegelsteine oder Betonformsteine als stabile Auflage. Ein Unterbau sollte 15–25 cm Höhe und etwas weniger als Trogbreite haben. Ruht der Trog auf Beinen, so sollten sich diese etwa unter seinem ersten und letzten Drittel befinden. Die Auflage wird mit der Wasserwaage ins Lot gebracht. Wenn der Trog aufgebockt wird, ist unbedingt darauf zu achten, daß die Wasserabflußlöcher nicht durch die Füße verdeckt werden. Eventuell muß man die Unterlage nochmal etwas versetzen. Da viele Tröge keinen glatten Boden besitzen, muß ein Trog meist noch auf der Unterlage verkeilt werden, damit er einen wirklich guten, festen Stand bekommt und nicht wackelt.

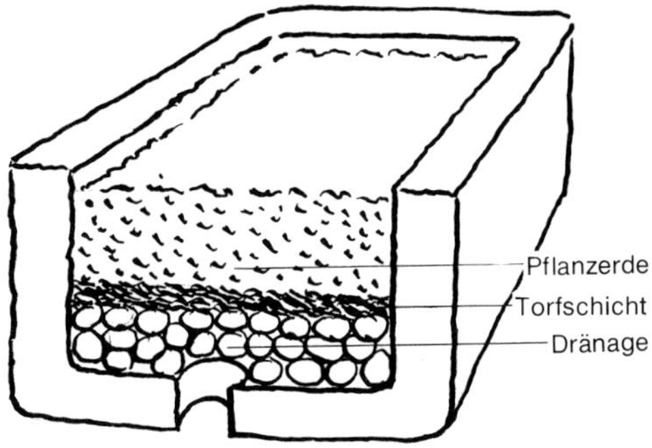

Schnitt durch einen Trog (Pflanzerde, Torfschicht oder Trennvlies, Dränage aus grobem Material)

d Dränschicht einbringen

Steht der Trog an seinem Platz und fest auf der Unterlage, werden einige Tontopfscherben oder Steinstückchen über das Abflußloch gelegt, damit es nicht verstopfen kann. Zuunterst wird nun eine Lage grober Kies, Styromull, Blähton oder Perlite als Dränageschicht eingebracht. Auch hier ist das Material nicht unbedingt von ausschlaggebender Bedeutung; Hauptsache, es ist grob genug, um einen guten Wasserabfluß zu gewährleisten. Die Stärke dieser Schicht ist von der Tiefe des Troges abhängig. Je tiefer er ist, desto stärker sollte die

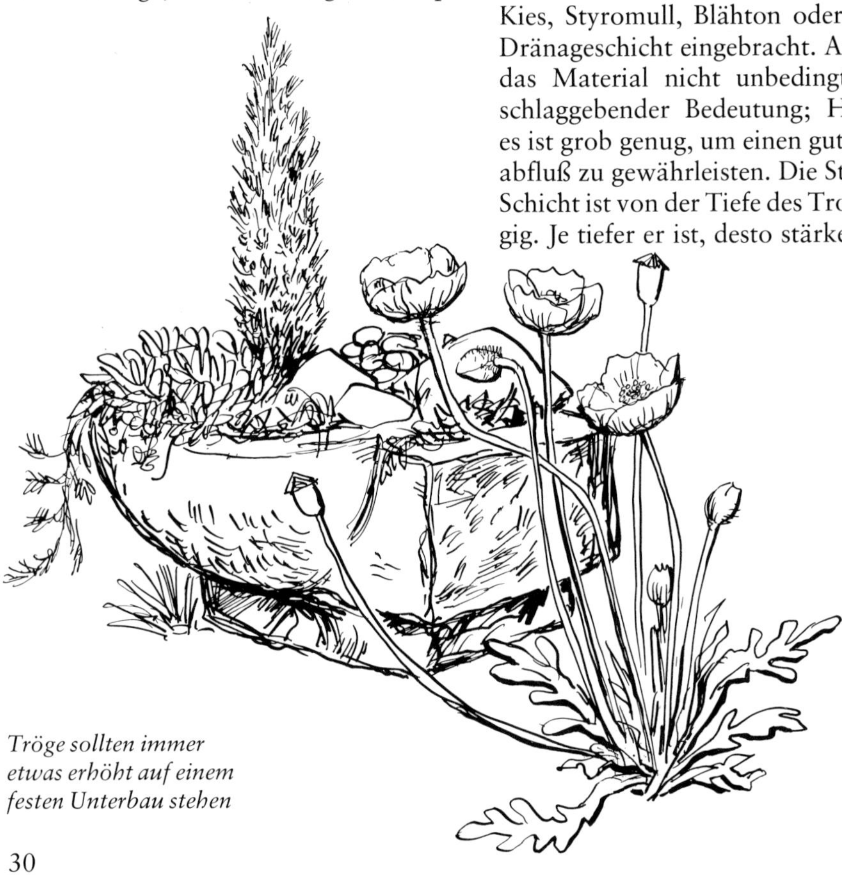

Tröge sollten immer etwas erhöht auf einem festen Unterbau stehen

Kiesschicht sein. Ein Verhältnis von $^{1}/_{3}$ Dränageschicht und $^{2}/_{3}$ durchlässige Pflanzerde hat sich gut bewährt. Die Pflanzerde kann von der Dränschicht durch eine dünne Schicht möglichst groben Torf (etwa 2–3 cm) oder durch ein Vlies aus Kunststoff getrennt werden. Dies verhindert, daß die feine Pflanzerde in den Untergrund einsickert und so den Wasserabfluß hemmt. Bei sehr tiefen Trögen kann die Höhe der Kiesschicht bis zur Hälfte betragen, z.B. bei Balkon- oder Terrassenbrüstungen, die als Pflanztröge ausgeführt sind. Hier empfiehlt sich die Verwendung von Styromull, schon allein wegen des leichten Gewichts beim Transport und bei der eventuell zu berücksichtigenden statischen Belastbarkeit des Unterbodens.

4 Bau von Tischgärten

Kleinere Tischgärten bestehen oft aus alten Küchenausgüssen oder dergleichen; sie können aber auch, genau wie Tröge, aus einer Mischung von Torf, Sand und Zement gegossen werden. Die Technik ist die gleiche, wie bei den Trögen beschrieben. Als ungefähre Maße sind zu empfehlen: 120 cm Länge, 60 cm Breite, 15–17 cm Höhe; der Boden sollte unbedingt 7–8 cm stark sein, für die Wandungen können dann eventuell 5–7 cm genügen. Ganz besonders muß auf eine gute, stabile Armierung mit Baustahl geachtet werden. Als Tischbeine dienen U-Formsteine.

Ein anderes Verfahren bewährt sich beim Eigenbau größerer und damit „richtiger" Tischgärten – sie sollen ja, um alle Möglichkeiten einer alpinen Gestaltung auszuschöpfen, nicht zu klein sein. Das ideale

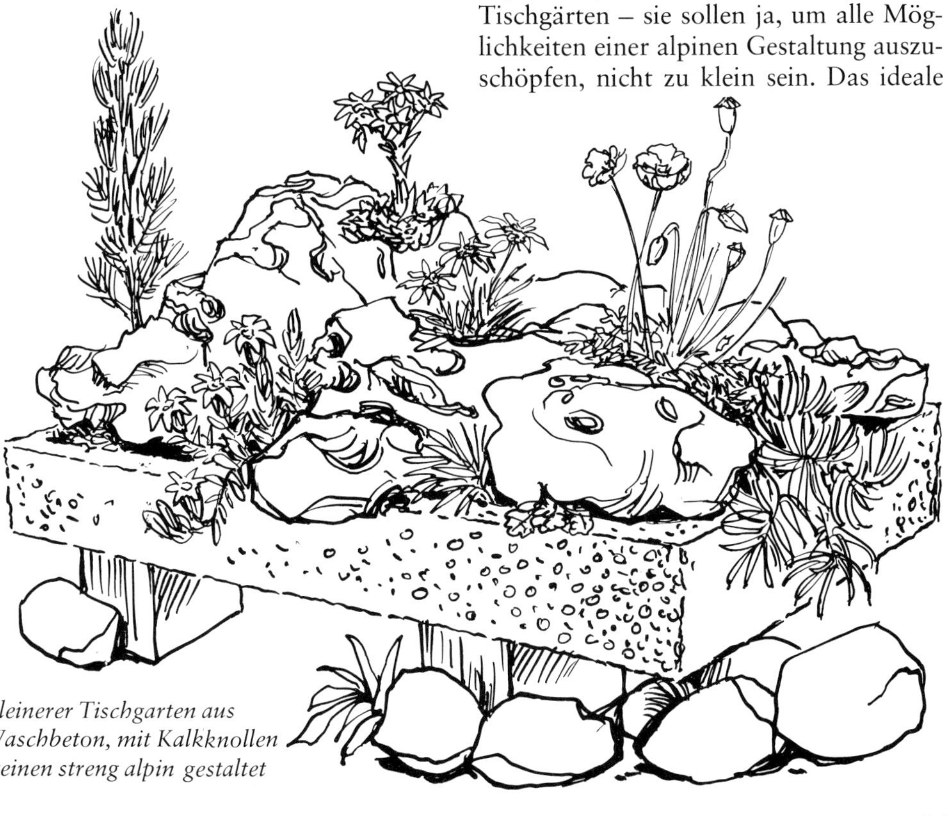

Kleinerer Tischgarten aus Waschbeton, mit Kalkknollen steinen streng alpin gestaltet

Grundmaß eines Tisches beträgt 200 × 125 cm. Genau die gleichen Maße besitzen Eternittafeln, die somit ohne Abfall für den Boden eines Tisches verwendet werden können. Die Tiefe des Tisches beträgt etwa 25 cm.

Der Aufbau eines Tischgartens geht folgendermaßen vor sich: Zuerst wird ein Gerüst aus T-Eisen hergestellt – ein Schlosser kann dies nach einer Skizze (Abb. unten) leicht machen. Ein Rahmen aus Winkeleisen in den Maßen einer Eternittafel, also mit einer lichten Weite von 200 × 125 cm, wird gefertigt, der später lose auf das Gerüst aufgelegt oder mit ihm verschweißt werden kann. Beide Maße müssen also übereinstimmen. Die Eisenteile werden gut grundiert und gestrichen, grün oder grau ist vorzuziehen. Vier U-Formsteine werden als Füße aufgestellt und gegeneinander in die Waagerechte gebracht. Auf diese ausgerichteten Füße werden nun das Gerüst und der Rahmen gelegt. Dann wird die Eternittafel eingebracht, in welche Wasserabflußlöcher gebohrt werden, je mehr, desto besser. Nun bleibt nur noch, den Rand mit Ziegelsteinen, Vormauersteinen oder Klinkern etwa 25 cm hoch zu mauern, und der Tischgarten ist fertig aufgebaut.

Etwas aufwendiger ist eine Randeinfassung mit Steinplatten. Ob gleichmäßige Naturstein- oder Beton-Sandsteinplatten verwendet werden, spielt dabei keine Rolle. In jedem Fall muß aber die Grundkonstruktion etwas abgeändert werden. Beibehalten werden der Aufbau der Beine aus U-Formsteinen und das Gerüst aus T-Eisen; aber statt eines einzigen Rahmens müssen nun zwei gleiche aus Winkeleisen gefertigt werden, deren Winkel nach außen offen ist (s. unten rechts). In diese Rahmen hängt man die auf den Innenseiten mit Haken versehenen Platten ein (s. unten links). Man legt den untersten Rahmen auf das Gerüst, hängt die Platten mit den unteren Haken ein und paßt zum Schluß den oberen Rahmen ein.

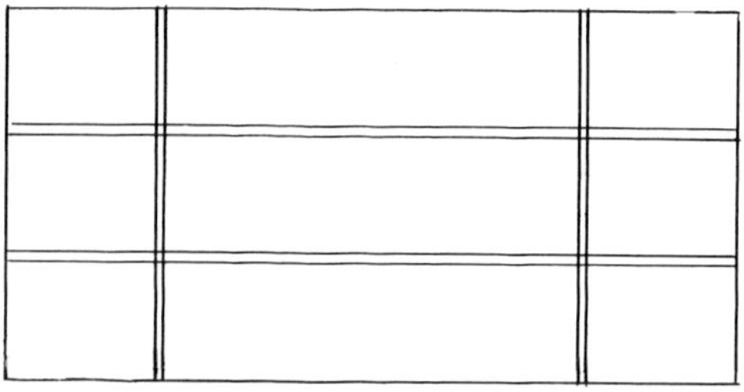

Gerüst aus T-Eisen

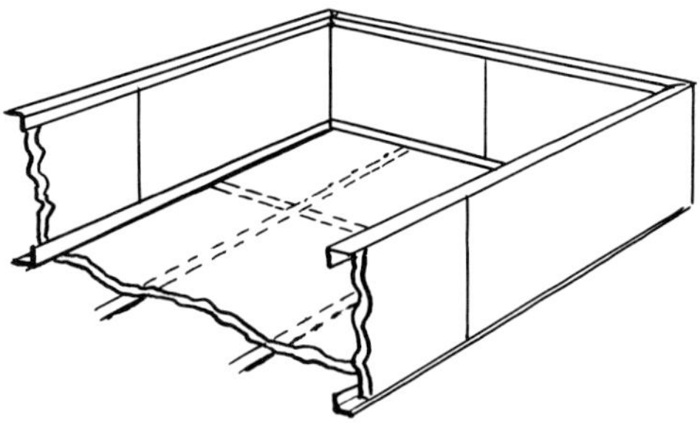

Die Wandplatten werden mit Winkeleisen ein gefaßt

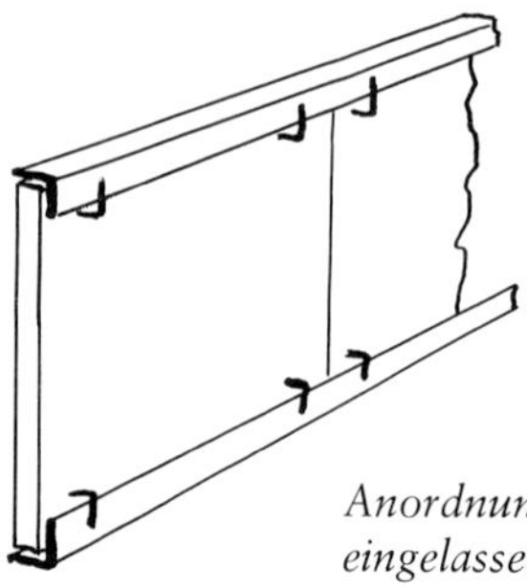

Anordnung der in die Platten eingelassenen Haken

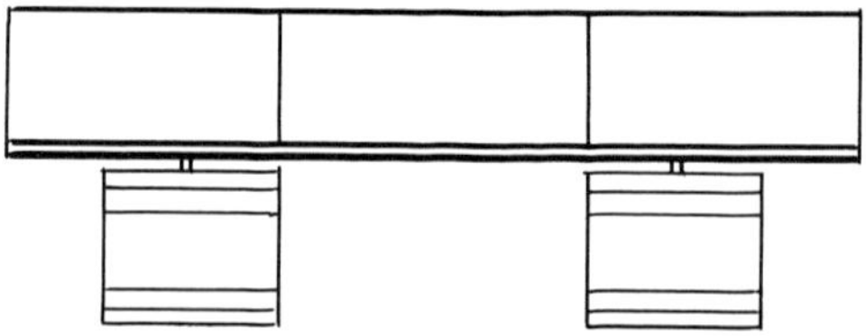

Seitenansicht des fertiggestellten Tischgartens

Selbstverständlich kann man für die Randeinfassung auch anderes Material benützen; auch die Grundfläche kann vergrößert werden. Wichtig ist jedoch immer, auf einen guten Stand und eine stabile Unterkonstruktion zu achten, die der Belastung durch den Aufbau etwa einer kleinen Felslandschaft gewachsen ist. Die richtige Höhe ergibt sich bei Verwendung von U-Formsteinen zwangsläufig. Für die Aufstellung eines Tischgartens gilt das gleiche wie für Tröge, ebenso für die Wahl des Standplatzes: möglichst hell.
Die recht zahlreich in den Eternitboden gebohrten Löcher werden mit einigen Tonscherben vor dem Verstopfen geschützt. Nun wird eine Kiesschicht von etwa 5–7 cm Stärke eingefüllt. Wenn man sich vor Augen hält, daß für das Gedeihen der Alpenpflanzen eine gute Wasserdurchlässigkeit von entscheidender Bedeutung ist, wird man diese Dränageschicht eher stärker als zu niedrig einfüllen. An Stellen, wo man später aus gestalterischen Gründen mehr Pflanzerde aufbringt, darf auch die Dränageschicht ruhig stärker sein. Sie wird mit etwa 2–3 cm Torf oder mit einem Vlies abgedeckt, dann wird die Pflanzerde aufgebracht. Nun kann der Tischgarten mit Steinen, eventuell auch mit einem Wurzelknorren, gestaltet und danach bepflanzt werden.

5 Miniatursteingärten, Kleinalpinen (Felsgärten)

In ihrem Aufbau sind sich diese drei Arten Miniaturgärtchen sehr ähnlich. Sie alle brauchen eine Umfassung, eine hervorragende Dränage und, wenn möglich, eine Wand zum Anlehnen. Für die Einfassung steht ganz verschiedenartiges Material zur Verfügung: Ziegelsteine, Klinker, U-Formsteine, Rundhölzer oder Betonringe (wie für Hauskläranlagen) . Die Umran-

Miniatursteingarten mit einer geschwungen geführten Einfassung

dung sollte nicht zu hoch ausfallen; 20–50 cm, also zwei bis drei Lagen Ziegelsteine oder eine Reihe U-Steine, genügen, und es ist nicht einmal notwendig, diese fest aufzumauern. Außerdem haben sie den Vorteil, daß man damit die Einfassungen auch geschwungen führen kann (s. Seite 33). Rundhölzer, senkrecht gestellt oder waagerecht gelegt, müssen gut imprägniert sein.

Da diese Gärten unmittelbar Anschluß an den Untergrund haben, erfordert die Dränage besondere Sorgfalt. Der übliche grobe Kies wird bei Anlagen auf Dachgärten gern durch Styromull oder Blähton ersetzt, wodurch die statische Belastung wesentlich verringert wird. Die Stärke der Dränschicht richtet sich danach, wieviel Pflanzerde darüber gebracht wird. Je stärker die Erdschicht, desto höher sollte die Dränschicht sein. Bei Miniatursteingärten und Kleinalpinen darf diese möglichst nicht weniger als 8–10 cm betragen, eher mehr; sie kann fast so hoch wie die Umfassung sein. Meist reicht eine Pflanzerdeschicht von 25–30 cm für Gebirgs- und Alpenpflanzen aus; die Kiesschicht kann dafür stärker werden. Die Dränschicht wird mit etwa einer Daumenbreite Torf oder mit Vlies abgedeckt. Als nächstes wird die vorbereitete Pflanzerde aufgefüllt und eine kleine Landschaft modelliert.

Ein ausgesprochener Alpenpflanzenliebhaber wird das Miniatursteingärtchen zum Felsgärtchen oder Kleinalpinum abwandeln, zumal wenn die örtlichen Gegebenheiten günstig sind: Ein Felsgarten sollte möglichst Sonnen- und Schattenlagen besitzen. Wichtig vor allen Dingen ist eine sehr helle Lage; pralle Sonne ist jedoch nicht erforderlich, meist auch nicht erwünscht. Kann der Felsgarten an eine Mauer oder niedrige Brüstung angelehnt

Steine geben dem Felsgärtchen sein Gepräge

werden – wobei diese als erstes einen Isolierschutz aus Folie erhält –, so ist dies von großem Vorteil, denn die Breite kann leichter variiert werden, und man kommt mit einer geringeren Tiefe aus. Bei einem von allen Seiten zugänglichen Felsgärtchen ist von vornherein eine gewisse Breite erforderlich, um gut in die Höhe bauen zu können. Auch ist es etwas schwieriger zu gestalten als das angelehnte Felsgärtchen. Es gibt natürlich die Möglichkeit, eine Seite als regelmäßige Trockenmauer auszubilden und nur die andere Seite unregelmäßig aufzubauen. In solch einem Fall wird man jedoch besser gleich einen Wallgarten oder ein Hochbeet anlegen.

Für den Aufbau eines Felsgärtchens wird eine ganze Anzahl unregelmäßiger Steine benötigt. Wer sich für diesen Zweck Tuffsteine oder löcherige Kalkknollensteine beschaffen kann, besitzt ein ideales Gestein für die Gestaltung eines Felsgärtchens. Natürlich kann auch Sand- oder Kalkstein gut verwendet werden. Die Steine sollten möglichst groß sein, denn ein größerer Stein wirkt immer besser als zwei kleine. Aber auch die kleinen werden gebraucht, kann doch mit ihnen ein stattlicher Brocken noch besser betont und hervorgehoben werden. Weiter sollte man darauf achten, daß die Schichtung der Steine stets in der gleichen Richtung verläuft, um der Gestaltung ein möglichst naturnahes Aussehen zu geben.

Ein Felsgärtchen kann entweder von Ziegeln oder regelmäßigen Natursteinen eingefaßt werden (20–50 cm hoch), oder aber das Steinmaterial wird gleich auf dem Untergrund aufgebaut. Auch dann wird zuerst die Umfassung mit einer Lage Steine gesetzt.

Die von der Umfassung eingerahmte Fläche wird mit grobem Kies oder ähnlichem Material bedeckt, gleich etwa 20–30 cm

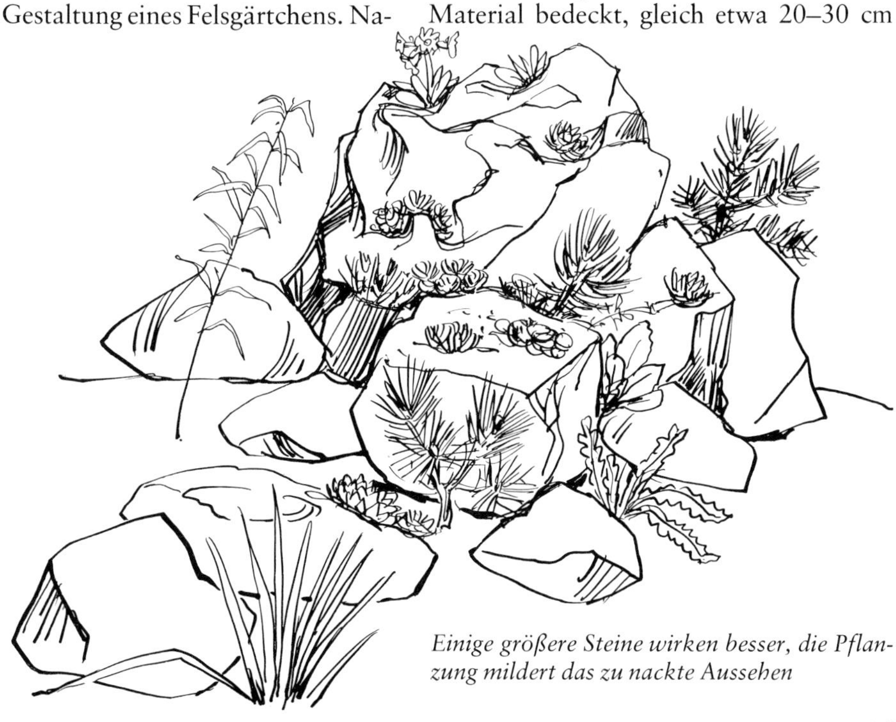

Einige größere Steine wirken besser, die Pflanzung mildert das zu nackte Aussehen

hoch. Dabei bleibt zwischen Dränmaterial und Einfassungssteinen ein Zwischenraum von etwa 10–20 cm; dieser wird mit Pflanzerde aufgefüllt. Die Dränageschicht kann in der Mitte und nach hinten (gegen die etwa vorhandene Mauer zu) ruhig stärker sein. Auch hier wird erst einmal die ganze Kiesschicht mit 2–3 cm Torf abgedeckt, dann werden etwa 20–30 cm oder mehr Pflanzerde aufgebracht. Einige Steine werden etwas zurückversetzt, um ebene oder leicht geneigte Pflanzstellen für mattenbildende Polsterstauden zu erhalten. Größere, leicht ebene Pflanzflächen sollten sich mehr am Fuße, im unteren Drittel einer Anlage befinden, nach oben zu werden die Pflanzflächen kleiner. Die größten Steine werden stets zuerst verarbeitet, doch kann ein besonders markanter größerer Stein auch einmal obenauf den Abschluß bilden. Immer wird zwischen die Steine eine Schicht Erde eingebracht, damit alle Ritzen und Fugen mit Pflanzerde gefüllt sind. Diese Spalten sind günstige Plätze für die verschiedensten Felsspaltenpflanzen.

Auch wenn das Felsgärtchen nicht ganz optimal ausgefallen ist – eine entsprechende Pflanzung wird vieles abmildern, und das ganze macht dann einen natürlicheren Eindruck. Wirkt der Anblick durch die massierten Steine vielleicht etwas hart – wieviel weicher und harmonischer sieht solch ein Felsgärtchen schon gleich nach der Pflanzung aus, erst recht dann, wenn die Polster nach einiger Zeit einen Teil der Steine überwachsen haben und in Ritzen und Fugen ein herrliches Blühen und Gedeihen anhebt.

Das an eine Mauer oder Hauswand angelehnte Felsgärtchen kann leicht auch mit einem Regenschutz überdeckt werden, was die Pflanzenauswahl beträchtlich erweitert. Manche Gebirgspflanzen sind besonders im Winter gegen Nässe empfindlich, und bei einigen reicht eine gute Dränage nicht immer aus, um sie mit Erfolg durchzubringen. Durch eine helle Überdachung kann so die Feuchtigkeit besser reguliert werden. Aus lichtdurchlässigem Kunststoff hergestellt ersetzt sie ohne weiteres ein spezielles Alpinenhaus; dank der freien Luftzirkulation ist sie vielfach noch besser als ein abgeschlossenes Alpinenhaus zur Hege schwieriger Gebirgspflanzen im Garten geeignet. Eine leichte Konstruktion für eine lichtdurchlässige Kunststoffbedachung ist meist nicht allzu teuer und kann auch in Eigenbau erstellt werden. Befindet sich ein Kleinalpinum an einer Hauswand, reicht oft schon ein „altmodischer", genügend großer Dachvorsprung aus, um für eine trockene Zone zu sorgen. Häufig genügt auch eine einfache Konstruktion mit Folie, welche im Herbst über die Anlage gebaut wird, um die Winternässe von den Pflanzen abzuhalten. Überdachte Felsgärten sollten im Winter bei Schneefall immer leicht mit Schnee überdeckt werden. Aber bitte, keinen Schnee verwenden, der eventuell mit Streusalz vermischt ist! Für viele Pflanzen wäre dies der sichere Tod.

6 Wallgärten und Hochbeete

Wallgärten und Hochbeete sind ideale Pflegestätten für Alpen- und Gebirgspflanzen. Wird der Wallgarten auf einer Rasenfläche angelegt, umgibt man ihn am besten mit einem Platten- oder Pflasterweg, der entweder mit der Rasenfläche eben abschließt oder, besser noch, ein klein wenig tiefer liegt; so kann die ganze Rasenfläche samt ihren Kanten jederzeit sauber gemäht werden.

Die untere Breite eines Wallgartens soll etwa 2 m betragen, die Höhe etwa 1,5–2,5 m. Eine von Ost nach West verlaufende Lage ist am günstigsten, ist doch somit eine sonnige Süd- und eine schattige Nordseite für die Bepflanzung vorhanden.
Die ersten Steine werden als Umfassung gelegt; bereits sie sollten, wie danach alle weiteren Lagen, eine leichte Neigung nach innen bekommen (wie eine einwandfrei gebaute Trockenmauer). Dadurch erhält der Aufbau eine beträchtliche Stabilität, und – ebenso wichtig – der Wasserhaushalt des Wallgartens wird günstig beeinflußt, denn Regen und Nässe können leichter eindringen und für die nötige Feuchtigkeit im Innern sorgen. Selbstverständlich erhält der Wallgarten eine gute Dränage. Der ganze innere Kern sollte aus solch einer Dränage bestehen. Sie gewährleistet zusammen mit einer entsprechenden Erdmischung für die Pflanzen, das überaus gute Gedeihen von Alpen- und Gebirgspflanzen auf Wallgärten. Beim Aufbau wird der Dränagekern immer wieder weiter mit hochgezogen. Der Raum zwischen Dränagekern und den äußeren Steinen wird in einer Stärke von 25–30 cm mit einer lockeren, durchlässigen Pflanzerde angefüllt, die selbstverständlich auch zwischen die einzelnen Steine kommt. Wer mag, plaziert zum Schluß auf der oberen, ebenen Pflanzfläche noch etliche besonders ausdrucksvolle Steine. Einige Zwergnadelgehölze beleben die Fläche, und niedere Polsterpflanzen bilden günstige Plätze für Kleinblumenzwiebeln.
Hochbeete werden wie Wallgärten angelegt und verlaufen wie diese im Idealfall von Ost nach West, nur bleiben sie wesentlich niedriger, nämlich höchstens 50–80 cm. Die Breite kann jederzeit größer gewählt werden. Auch ihr ganzes Geheimnis beruht auf der besonderen Dränagewirkung. Ein Drittel der gesamten Höhe sollte mindestens aus einem groben Kieskern oder einem Kern kleiner Steinstückchen bestehen, die Hälfte des Rauminhalts als Dränage ist noch besser. Wird die Breite weit genug angelegt, so kann die ebene Oberfläche gut noch mit einigen Felsstükken gestaltet werden. Die Länge eines Hochbeetes richtet sich ganz nach den örtlichen Gegebenheiten. Durch leichtes Variieren der Pflanzerde können sehr unterschiedliche Pflanzstellen für ganz besondere Pflanzengruppen geschaffen werden. Ein Geröllbeet kann so entstehen für ausgesprochene alpine Geröllpflanzen, aber auch winterharte Erdorchideen z. B. gedeihen in entsprechender Erde auf einem Hochbeet ganz prächtig.

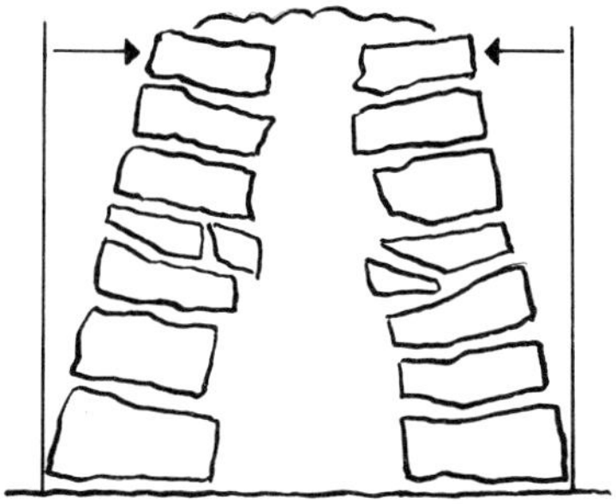

Bei einem Wallgarten bekommt der äußere Aufbau eine Neigung nach innen

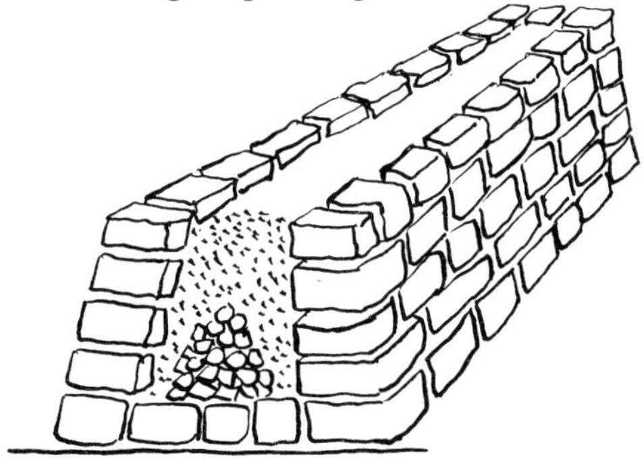

Besonders wichtig: der Dränagekern im Innern

Pflanzung und Pflege

1 Allgemeine Wachstumsbedingungen

Die Gebirgs- und Alpenpflanzen in unseren Gärten stammen aus den verschiedensten Teilen der Welt und stellen ganz spezifische Ansprüche. Manche Pflanzenliebhaber, die glauben, daraus die Lehre gezogen zu haben, versuchen immer wieder, an Ort und Stelle im Gebirge ausgegrabene Alpenpflanzen im eigenen Garten anzusiedeln. Wie jeder weiß, stehen sehr viele Pflanzen unter Naturschutz; daher schon geht es nicht an, den Wildstandort zu berauben. Aber auch die nicht unbedingt durch eine Verordnung geschützten Pflanzen sollten an ihrem Standort verbleiben. Meistens wird bei so einer Aktion versucht, die Bodenverhältnisse am ursprünglichen Standort der Pflanzen auf den Pflanzplatz im Garten zu übertragen. So wird oft eine Menge der dortigen Erde mitgenommen in der irrigen Annahme, daß diese auch im Garten für die Pflanze geeignet sein müsse. Das Umsiedeln mißlingt in den allermeisten Fällen, und der Schaden am Wildpflanzenbestand ist daher immer größer als der Erfolg im Garten. Denn ausschlaggebender als die ursprüngliche Erde ist für das Gedeihen die Wechselwirkung zwischen den klimatischen Bedingungen und der Pflanze. Daher ist ihre Kenntnis eine der wichtigen Grundvoraussetzungen für eine erfolgreiche Gartenkultur der Gebirgspflanzen.

a Klima

Das Klima einer Gegend, das Großklima eines weiträumigen Gebietes und das Mikroklima um den Pflanzenstandort haben, zusammen mit einigen anderen Faktoren, neben der Bodenbeschaffenheit einen wesentlichen Einfluß auf das Pflanzenwachstum. Im eigenen Garten können wir allenfalls auf das Kleinklima einwirken – die wesentlichen, nicht beeinflußbaren klimatischen Faktoren müssen wir als gegeben hinnehmen. Was aber verändert werden kann, das ist die Pflanzerde: sie muß den nichtveränderbaren Klimabedingungen des Gartens angepaßt werden. So wird verständlich, warum Pflanzen vom Wildstandort im Garten nicht gedeihen, auch wenn sie in noch so viel ursprünglicher, nun aber meist unbrauchbar gewordener Heimaterde wurzeln.

b Boden

Eine gar nicht so neue, aber noch nicht hinreichend verbreitete Erkenntnis ist, daß es den Gebirgs- und Alpenpflanzen mehr auf die physikalische, also strukturelle Beschaffenheit der Erde ankommt als auf ihre chemische Zusammensetzung. Das bedeutet unter anderem, daß die Unterteilung der Gebirgspflanzen in „kalkfreundlich" und „kalkfeindlich" in ihrem Wert weit überschätzt wird. Langjährige Beobachtungen haben gezeigt, daß kaum eine Pflanze unbedingt kalkfeindlich oder kieselfeindlich ist. Da die wissenschaftlichen Arbeiten gerade auf dem Gebiet der Alpen- und Gebirgspflanzen wenig praxisbezogen waren, blieb es in starkem Maße der Praxis selbst überlassen, auf kulturtechnischem Gebiet diese Aussagen zu nutzen und zu untermauern. Sie stellte fest, daß sogenannte kalkfliehende Arten in der Regel bei der Gartenkultur eine kalkhaltige Erde vertragen, wenn diese nur physikalisch richtig ausgewogen ist. Es gibt wohl kaum einen Boden, in dem, wenn auch nur in geringen Maßen, kein Kalk vorhanden ist. So gibt es auch nur sehr wenige Pflanzen, die so gut wie gar keine Kalkbeimengung vertragen. Dazu gehören nur einige ausgesprochene Moorpflanzen.

Für die meisten Gebirgs- und Alpenpflanzen bedeutet dies: alles hängt davon ab, daß der Boden locker, luftig und humos ist; minder wichtig ist hingegen, ob er nun mehr oder weniger Kalk enthält. In erster Linie müssen die physikalischen Eigenschaften des Bodens in ausgewogenem Verhältnis zueinander stehen; erst in zweiter Linie entscheiden die chemischen Einflüsse.

Wesentlich für ein gutes Gedeihen dieser Pflanzen ist die Wasserdurchlässigkeit der Erde. Schon bei der Beschreibung der verschiedensten winterharten Miniaturgärten wurde immer wieder auf die Wichtigkeit einer guten Dränage hingewiesen. Diese allein reicht jedoch für ein gedeihliches Wachstum nicht aus, auch die Pflanzerde muß einen großen Teil dazu beitragen. Eine Erdmischung für Miniaturgärten muß so wasserdurchlässig sein, daß sie alles überflüssige Naß leicht durchläßt und abgibt. Es ist dies mit einem Schwamm zu vergleichen: er saugt sich mit Wasser voll, bis er gesättigt ist; von dem Moment an fließt alles überflüssige Wasser aus dem Schwamm ab. So ähnlich sollte auch die Pflanzerde für Alpenpflanzen sein, sie darf also nie zu naß werden, das „Zuviel“ muß abfließen können.

c Dränage

Hält man sich einmal vor Augen, daß den Alpen- und Gebirgspflanzen, besonders den hochalpinen, während der winterlichen Ruhezeit am Wildstandort so gut wie kein Wasser zur Verfügung steht, da der Frost alles Wasser zu Eis erstarren läßt, dann wird man verstehen, warum gerade in den Wintermonaten eine gut funktionierende Dränage für sie lebenswichtig ist. In den Sommermonaten ist es leicht, einen Standort im Garten trocken zu halten und alles überflüssige Wasser ablaufen zu lassen. Anders im Winter: außerhalb der Bergregionen, im Flachland und in der Ebene, ist das Wetter meist sehr wechselhaft; Schnee und Regen, Frostperioden und Tauwetter folgen oft in kurzen Abständen. Der Gartenboden kann gar nicht abtrocknen, er wird immer wieder durchnäßt. Dieses Auf- und Zufrieren, der Wechsel von gefrorenem Boden und durch Tauwetter durchfeuchteter Erde macht gerade den empfindlicheren hochalpinen Pflanzen schwer zu schaffen. Es ist nicht die Kälte, die sie eingehen läßt: Ausgesprochen hochalpine Felsfugenpflanzen wachsen hoch oben im Gebirge an steilen, teilweise senkrechten Felswänden, an denen sich kein Schnee hält, um die Pflanzen gegen Frost zu schützen, sie müssen daher auch sehr große Temperaturschwankungen zwischen Tag und Nacht aushalten. Und doch, was für ein Anblick, wenn etwa ein Schweizer Mannsschild nach all der Unbill übersät ist mit Blüten, daß nicht einmal mehr ein Stückchen des Polsters darunter sichtbar wird! So sterben im Garten die allerwenigsten Alpenpflanzen durch die Kälte im Winter. Die Nässe ist es, die ihnen den Garaus macht.

2 Einheitserden

In den vergangenen Jahrzehnten wurden meist zehn und mehr verschiedene Erdmischungen für die Kultur speziell der Alpenpflanzen empfohlen, um deren Ansprüche im einzelnen gerecht zu werden. Das ist heute überholt. Selbstverständlich sind dadurch aber die Erfahrungen der damaligen, ausgezeichneten Alpenpflanzenkenner keineswegs veraltet und unbrauchbar geworden. Doch in den letzten Jahrzehnten hat sich, besonders im Erwerbsgartenbau, ein rapider Fortschritt in der Entwicklung neuer Kulturmethoden und Kulturerden vollzogen. Meist aus Rationalisierungsgründen wurden vor allem die Kulturmethoden und damit auch die Kulturerden vereinfacht. Die gartenbauliche Forschung untermauerte diese Methoden für die Praxis, vornehmlich des Erwerbsgartenbaus mit seinen Pflanzenkulturen. Es kam nun darauf an, diese modernen Erkenntnisse zu nutzen und speziell auf die Anzucht und Pflege von Gebirgspflanzen zu übertragen und abzuwandeln. Erfahrungen des Gartenbaues liegen besonders im Bereich des „Mobilen Grüns" vor. Hier, bei der Bepflanzung von Kübeln, Schalen und Balkonkästen mit Sommerblumen und zum Teil auch mit winterharten Gehölzen werden schon lange mit gutem Erfolg vorgefertigte Pflanzsubstrate verwendet. Solche Pflanzerden sind industriell hergestellte Gemische, die eine stets gleiche strukturelle Zusammensetzung haben und mit einer genauen Menge von Pflanzennährstoffen versorgt sind. Diese Einheitserden bilden einen wesentlichen Bestandteil der modernen Kulturmethoden im Erwerbsgartenbau; sie sind aus dem gesamten Gartenbau heute nicht mehr wegzudenken, und sie sind auch ein wesentlicher Bestandteil der Substrate für Alpen- und Gebirgspflanzen. Wenn es bei diesen vereinfachten, besser gesagt, vereinheitlichten Erden in dem einen oder anderen Fall zu Mißerfolgen bei der Anzucht kam, so lag dies meist daran, daß die alten und bis dahin auch bewährten Anzuchtmethoden bedingungslos auf die neuen Einheitserden übertragen wurden. Sinnvoll genutzte Einheitserden bewirken und verlangen Änderungen oder Anpassungen der Kulturmethoden, sei es nun beim Gießen, Düngen oder bei anderen Maßnahmen. Das erfordert ein gewisses Umdenken und Einfühlen.

3 Substrate für Gebirgspflanzen

Zur Anzucht und Pflege der Gebirgspflanzen hat sich eine Einheitserde bewährt, die aus wenig zersetztem Hochmoortorf besteht, das heißt auf Weißtorfbasis beruht; Gemische mit einem Anteil von stärker zersetztem Hochmoortorf, also von Schwarztorf, sind für die alpine Pflanzenpflege weniger geeignet. In der Fachsprache werden die Pflanzerden meist als „Substrate" bezeichnet. Ein Pflanzsubstrat muß in erster Linie „vergießfest" sein, darf sich also nicht so schnell zusammensetzen und dadurch zu naß und luftundurchlässig werden. Eben dies tritt trotz Torf und Sand bei selbsthergestellten Erdmischungen mit einem hohen Anteil an sogenanntem Mut-

terboden oder stark verrottetem Kompost leicht ein. Sie sind daher wohl für einjährige Pflanzen geeignet; viele ausdauernde aber würden darin verfaulen oder kümmern, man muß sie herausnehmen und in einer neuen, aufgelockerten Erde frisch pflanzen. Doch gerade das sollte man den langlebigen, dauerhaften Gebirgspflanzen, wenn sie einmal am geeigneten Platz stehen, möglichst nicht antun.
Pflanzsubstrate auf Weißtorfbasis besitzen in hohem Maße die Eigenschaft, sich nur langsam zu zersetzen und dadurch nicht so schnell zu „vererden". Weißtorf ist aus Spaghnum (Sumpfmoos) entstanden und hat dadurch ein hohes Porenvolumen. Dieses Porenvolumen ist wichtig, da in den Poren Luft und Wasser gespeichert werden kann. Vor allen Dingen kann der wenig zersetzte Hochmoortorf auch dann noch viel Luft speichern, wenn er voll mit Wasser gesättigt ist. Diese Eigenschaft gewährleistet eine gute Belüftung des Wurzelraumes und damit der Pflanzenwurzeln. Auch die Wasserhaltefähigkeit ist durch das hohe Porenvolumen sehr gut. Hat sich der Torf einmal mit Wasser vollgesaugt, so gibt er das überflüssige Wasser zwar gleich wieder ab, einen Teil davon halten die Poren jedoch fest. Auch wenn der Torf trokken wird, steht doch immer noch ein kleiner Rest Wasser den Pflanzenwurzeln zur Verfügung. Diese Fähigkeit zur Luft- und Wasserspeicherung durch das hohe Porenvolumen wird geradee bei Weißtorf nur sehr langsam abgebaut. Daraus ist auch zu erklären, warum Pflanzensubstrate auf Torfbasis für die langlebigen, ausdauernden Gebirgspflanzen so geeignet sind. Über Jahre hinweg brauchen Gefäße mit solchen Pflanzerden nicht mehr umgepflanzt zu werden, um die Erde zu erneuern. Da Torf von Natur aus so gut wie keine Nährstoffe enthält, müssen die für das Pflanzenwachstum erforderlichen zugefügt werden.

a Grundmischung für Alpen- und Gebirgspflanzen

Solch ein vollwertiges Pflanzsubstrat für Alpen- und Gebirgspflanzen kann auch selbst hergestellt werden. Zuerst wird der pH-Wert des Torfes durch Zugabe von Kalk auf eine pflanzenfreundliche Höhe gebracht. Dazu gibt man etwa 3 kg kohlensaurer Kalk auf 1 m^3 Torf, das sind ungefähr drei Ballen Torf (17er Pressballen nach DIN-Norm). Der Kalk wird intensiv und gleichmäßig mit dem Torf vermischt. Erst einen Tag später sollte dann ein Volldünger dazugegeben werden. Der Kalk muß erst allein mit dem Torf reagieren. Auf drei Ballen Torf rechnet man etwa 1 kg Volldünger mit Spurennährstoffen. Auch dieser Volldünger wird sehr intensiv mit dem Torf vermischt. Zusätzlich sollte noch ein Spezialdünger für Mikronährstoffe gegeben werden, damit die gerade bei Torferden so besonders wichtige Versorgung mit ihnen gewährleistet ist. Radigen hat sich hierfür gut bewährt; man nimmt etwa 100 g auf drei Ballen Torf.
Besser und einfacher verwendet man gleich ein fertiges Pflanzsubstrat auf reiner Torfbasis. TKS ist für unseren Zweck brauchbar, es ist praktisch überall erhältlich, wo man auch normalen Torf bekommt, und es ist überdies auch in Kleinpackungen zu haben. TKS, die Abkürzung von Torf-Kultur-Substrat, gibt es in zwei Ausführungen, TKS I und TKS II. TKS II eignet sich vor allem gut bei der Pflanzung von robusten Pflanzen wie Koniferen und Sträuchern in Kübeln, Schalen und dergleichen sowie für die Pflanzung von Sommerblumen in Gefäßen. Für die spezielle Alpenpflanzenkul-

tur ist TKS I vorzuziehen. TKS I besitzt nur etwa die Hälfte der Nährstoffmenge, die in TKS II enthalten ist. Bei den Alpen- und Gebirgspflanzen kommt es jedoch weniger auf ein besonders üppiges Wachstum an. Mit der geringeren Nährstoffkonzentration ist TKS I das geeignete Pflanzensubstrat für alle Gebirgspflanzen. Durch eine Sandbeimengung – immer nur Betonsand und kein Grabsand – wird die gerade für alpine Pflanzen so wichtige Wasserdurchlässigkeit erhöht. Ein Zusatz von Bentonit-Tonmehl (Edasil) erhöht den pH-Wert von TKS, ohne dabei den Kalkgehalt des Kultursubstrats wesentlich zu steigern. Der hohe Gehalt an Kieselsäure sowie die vielen Mikronährstoffe sind vorteilhaft für ein gutes Gedeihen der Pflanzen. Aufgrund des hohen Wasserbindevermögens dieses Tonmehls bildet Bentonit-Tonmehl neben einigen anderen wesentlichen Eigenschaften eine gute Abrundung der Pflanzerde für Gebirgspflanzen. Die guten Eigenschaften von TKS werden durch den Zusatz von Bentonit-Tonmehl noch gefördert und auf längere Zeit stabilisiert. In einem solchen Substrat gedeihen fast alle Gebirgspflanzen.

Das Pflanzsubstrat aus TKS I, Sand und Bentonit-Tonmehl bildet für die meisten Alpen- und Gebirgspflanzen die ideale Grundlage und kann für alle Arten von Miniaturalpengärten als Grundmischung verwendet werden. Langjährige praktische Versuche im „Alpengarten Pforzheim“ ergaben ein Mischungsverhältnis, welches für den größten Teil der Alpen- und Gebirgspflanzen empfohlen werden kann.

Grundmischung A (Alpen- und Gebirgspflanzen)

4 Teile TKS I
1 Teil Betonsand
etwa 0,5 Teile Bentonit-Tonmehl.

Wird eine größere Menge benötigt, richtet man sich am besten nach folgendem Rezept:

2 Ballen TKS I
$1^1/_2$ Schubkarren Betonsand
(Schubkarren-Inhalt 85 l oder etwa 14 Schaufeln voll)
sowie ein Sack (25 kg) Bentonit-Tonmehl.

Wenn man diese Grundmischung verwendet, gibt es gar keine Schwierigkeiten, Pflanzstellen auch für heiklere Hochalpine mit besonderen Pflanzansprüchen zu schaffen; deshalb kommt man, zumal am Anfang, mit der Grundmischung A vollkommen aus. Erst wenn das Pflanzsortiment wächst, wird man auch die weiteren Grundmischungen, nämlich F und M, benötigen. Zunächst genügt aber die Grundmischung A, die zudem durch geeignete Zusatzstoffe für spezielle Ansprüche einzelner Pflanzen abgewandelt und hergerichtet werden kann. So wird einfach an einigen Stellen mehr Sand beigegeben, um den Boden noch durchlässiger zu machen. Oder aber für bestimmte Humuspflanzen wird Floratorf der Grundmischung beigemengt. Man sollte sich aber keineswegs, ohne viel nachzudenken, nur auf eine gute Pflanzerde verlassen. Sie ist nur eine der Voraussetzungen für eine erfolgreiche Alpenpflanzenpflege. Immer wieder muß man sich in die Welt dieser Pflanzen einfühlen, um möglichst optimale Wachstumsbedingungen zu schaffen.

b Grundmischung für Felspflanzen

Besonders reizvoll für den Kenner und den schon etwas fortgeschrittenen Pflanzenliebhaber sind die hochalpinen Pflanzen, obwohl oder gerade weil sich darunter die meist winzigen Polster befinden, die in der

Gartenpflege so große Schwierigkeiten bereiten. Ein Teil davon wächst hoch oben am natürlichen Standort meist in engen, schmalen Felsritzen, dicht an das Gestein geschmiegt. Gerade diese Alpinen sind im Garten besonders gegen Winternässe empfindlich und vertragen keine Staunässe im Boden. In den Felsritzen fließt das Wasser gleich ab, und die Sonne läßt die vorhandene Feuchtigkeit schnell verdunsten. In ihrem kühlen Innern speichern Felsritzen jedoch immer noch genügend Feuchtigkeit, so daß die Pflanzenwurzeln nicht austrocknen; der meist sehr lange Wurzelhals bleibt von der Nässe verschont, ganz besonders zur Oberfläche hin, wo die Sonne das Gestein erwärmt. In den Felsfugen sammelt sich etwas Humus und verwittertes Gestein, worin sich dann die entsprechenden Pflanzen ansiedeln können. Der feine Teil des Verwitterungsmaterials wird in den Untergrund abgewaschen, während die gröberen Steinstückchen mehr im oberen Bereich der Pflanzstelle bleiben. Der Hauptteil der zarteren Pflanzenwurzeln erstreckt sich in den feineren Untergrund, der aber trotzdem immer noch genügend durchlüftet und wasserdurchlässig ist. Der Wurzelhals ist von gröberem, sehr luftigem und besonders wasserdurchlässigem Material umgeben. Die ganze Pflanze schmiegt sich dabei eng in die Fugen und Spalten des Gesteins.

Diese Lebensbedingungen sollen nun wieder auf die Gartenverhältnisse übertragen werden – dazu hat sich Gesteinsmehl ausgezeichnet bewährt. Gleichzeitig wird ersichtlich, wie ideal gerade für diese Pflanzen Tröge, mit Steinen alpin gestaltete Tischgärten, Wallgärten und Felsgärten sind, die mit ihren Fugen und Ritzen beste Ansiedlungs- und Lebensmöglichkeiten bieten.

Den speziellen Bedürfnissen der Felsfugenpflanzen kann die Grundmischung leicht angepaßt werden. Hochalpine Felspflanzen wollen an der Oberfläche eine noch durchlässigere Erde, die ganz besonders gut durchlüftet ist, wodurch besonders im zeitigen Frühjahr eine schnellere Erwärmung erfolgt und sich auch die Feuchtigkeit nicht zu lange hält. Am besten fügt man der Grundmischung noch eine Zugabe von grobem, möglichst lufthaltigem Material bei, wofür sich Perlite gut eignet. Vielfach, vor allen Dingen in England, wird Vermiculite empfohlen, doch ist dieses schwieriger zu beschaffen. Perlite ist in der Wirkungsweise dasselbe und man bekommt es ohne weiteres. Der einzige Nachteil dieses sehr leichten, luft- und auch wasserspeichernden Minerals ist seine weiße Farbe. Wer sich daran nicht stört, hat in ihm ein ideales Mittel, um die Pflanzerde gerade für Hochalpine noch luftiger und wasserdurchlässiger zu machen. Für die empfindlichen unter ihnen kann die Pflanzerde bis zu 50% mit Perlite vermischt werden. Ebenfalls zu gebrauchen ist Bimskies oder Blähton; die Blähtonkügelchen sollten jedoch vorher zerstoßen oder zermahlen werden.

Für die ausgesprochenen Felsbesiedler der Gebirge hat sich im Garten das folgende Pflanzsubstrat gut bewährt.

Grundmischung F (Felspflanzen)

4 Teile TKS I
2 Teile Betonsand
1 Teil Gesteinsmehl

Umgerechnet auf eine größere Menge bedeutet dies (die Schubkarrengröße mit 85 l gerechnet oder 14 Schaufeln):

2 Ballen TKS I
2 Schubkarren Betonsand und
1 Sack (40 kg) Gesteinsmehl, das ziemlich grob sein kann.

Durch das Gesteinsmehl, aber auch durch Bentonit-Tonmehl ist es möglich, die sehr humose, nur aus Torf und Sand bestehende, wasserdurchlässige Pflanzerde, die meist einen niederen pH-Wert aufweist, also im leicht sauren Bereich liegt, auf einen wesentlich höheren pH-Wert zu bringen. Die meisten Gebirgspflanzen gedeihen im allgemeinen besser, wenn die Pflanzerde um pH 7 liegt. Auf dieser Erhöhung des pH-Wertes, ohne wesentliche Kalkzugabe, beruht zu einem großen Teil der gute Wachstumserfolg in diesen Torfsubstratgemischen.

Das im Handel erhältliche Gesteinsmehl ist staubfein gemahlen und meist vulkanischen Ursprungs. Aus diesem Grund muß dieser Grundmischung F für Felspflanzen noch gröberes Material zugemischt werden. Ein weniger fein gemahlenes Gesteinsmehl wäre hierzu sehr gut geeignet, doch leider ist das nur sehr schwer erhältlich. Hier bietet sich wiederum Perlite an. Sehr bewährt hat sich auch Bimskies in einer ausgewogenen Mischung von feiner bis grober Körnung.

Für Gebirgspflanzenerde weniger zu empfehlen ist das aus Kunststoff gewonnene Styromull. Früher wurde für Felspflanzen als Zusatz gemahlene Koksschlacke verwendet, aber wo gibt es die noch? Sowohl Perlite als auch Bimskies und Blähton besitzen viele Hohlräume, die, mit Luft gefüllt, den Boden im Wurzelbereich gut durchlüften. Gleichzeitig speichert dieses Material Wasser und gibt es nur langsam wieder ab. Dadurch wird der Wasserhaushalt eines mit diesen Stoffen durchsetzten Pflanzsubstrats ganz erheblich verbessert, ohne daß die Erde zu naß bleibt. Je nach Pflanzenart kann die Grundmischung bis zur Hälfte mit diesen Zuschlagstoffen vermischt werden.

c Grundmischung für Moorbeet- und Humuspflanzen

Mit Rhodohum, das in Plastiksäckchen abgefüllt ist, kann leicht eine Substratgrundlage, die Grundmischung M, für ausgesprochene Humus- und für Moorbeetpflanzen geschaffen werden:

Grundmischung M (Moorbeet- und Humuspflanzen)

3 Teile Rhodohum
2 Teile Grundmischung A

Rhodohum ist ein Gemisch aus Weißtorf und Schwarztorf ohne Zusatz von Kalk und speziell auf die Ansprüche von Rhododendren und Alpenrosen ausgerichtet.

Für ausgesprochene Felshumuspflanzen kann diese Mischung M noch einmal abgewandelt werden: statt der Grundmischung A wird die Pflanzerde F verwendet. Sollte einmal kein Rhodohum zur Verfügung stehen, kann man sich ohne weiteres mit Floratorf behelfen.

Diese Mischung M läßt sich wiederum sehr leicht entsprechend den jeweiligen besonderen Bodenansprüchen einzelner Pflanzen variieren. Für ausgesprochene Moorbeetpflanzen wird nur der Anteil von Weißtorf erhöht, bei Felshumuspflanzen gibt man mehr Sand oder Bimskies sowie Gesteinsmehl zu.

d Vorrat zum Variieren

Bei den selteneren Felspflanzen ist es notwendig, mit einem gewissen Fingerspitzengefühl auf besondere Eigenheiten der Arten einzugehen und die Grunderde entsprechend zu variieren. Der ausgesprochene Pflanzenliebhaber wird deshalb immer eine gewisse Menge der verschiedenen Zuschlagstoffe für die Grundmischung vorrätig halten. Oft ist es notwendig, kleine alpine Zwergpolster wieder mit etwas Pflanzerde anzufüllen, wenn die Erde sich gesetzt hat. Durch die vereinfachte Grundmischung bedarf es keiner großen Lagerung von Hilfsstoffen für die Pflege der alpinen Pflanzen. Weißtorf (Floratorf), TKS, Betonsand und ein oder zwei Sack Bentonit-Tonmehl genügen für den Anfang. Ein ausgesprochener Alpenpflanzenliebhaber wird darüber hinaus noch einen Sack Gesteinsmehl vorrätig halten, dazu noch Perlite, Bimskies oder Blähton. Mit diesen Grundstoffen wird es nicht schwerfallen, die Ansprüche auch der seltensten und schwierigeren Pflanzenarten zu befriedigen. Wenn dazu noch ein Sack Rhodohum bereitliegt, können auch ausgesprochene Moorbeetpflanzen, Alpenrosen und Zwerg-Rhododendren jederzeit optimal gepflanzt werden.

4 Pflanzung

a Das Vorgehen allgemein

Die gestalterischen Grundregeln, gewisse gärtnerische Gesichtspunkte und das praktische Vorgehen bleiben sich, was die Pflanzung angeht, bei den verschiedenen Arten von Miniaturgärten im wesentlichen gleich. (Unter „Miniaturgärten" wird jeder Typ verstanden, bis hinab zur Schale.) Deshalb wird, was alle gleichermaßen betrifft, hier abgehandelt: spezielle Ergän-

Ein einzelner Stein, unterstützt durch eine bizarre Wurzel, und ein aufstrebendes Zwergnadelgehölz bilden bei diesem Trog den Blickpunkt

zungen werden anschließend zu den jeweiligen Gartentypen gebracht.
Vorauszuschicken ist: Nicht pflanzen sollte man bei heißer Witterung. Läßt es sich gar nicht verschieben, nimmt man es in den kühleren Abendstunden vor und schützt dann die Pflanzen einige Tage mit etwas Tannenreis vor zu starkem Austrocknen.

Vorbereitung. Bei Trögen und sonstigen Gefäßen müssen die Abflußlöcher abgedeckt, überall muß die Dränage samt Torf oder Vlies in ausreichender Höhe eingefüllt sein (siehe jeweils im Kapitel „Bau") . Das Material – in der Reihenfolge, wie es gebraucht wird: Erden, Steine und Wurzeln, Gehölze, Stauden, Steingrus – und die Geräte stehen gebrauchsfähig bereit.

Pflanzerde. Beim nun anschließenden lageweisen Einbringen der Erde wird diese von Schicht zu Schicht mit den Fäusten etwas festgedrückt; dadurch wird ein späteres Absinken der Steine sowie der Bepflanzung vermieden, und es braucht dann nicht zu viel Erde nachgefüllt zu werden. Aus den gleichen Gründen wird die Erdfüllung „gehäuft" eingebracht, also nicht bündig mit dem Rand abschließend, sondern ihn überhöhend.

Steine. Der nächste Schritt ist das Auswählen und Plazieren der Steine. Bedeuten sie für die dekorative Pflanzung nichts mehr als einen von ferne an Gebirge erinnernden Schmuck, so sind sie für das alpine Miniaturgärtchen eine Notwendigkeit, und dies sowohl als prägendes Ausdrucksmittel wie auch als Lebensgrundlage für seine Pflanzen. Die Gestaltung wird am überzeugendsten gelingen, wenn sie im Hinblick auf die Wechselwirkung zwischen Pflanze und Stein und, innerhalb der vorgegebenen Proportionen, recht großzügig vorgenommen wird. So kann ein markanter größerer Stein in die Mitte gerückt oder auch seitlich versetzt werden; ein kleiner, jedoch ebenbürtiger Stein schafft zum großen Vorteil für das Gesamtbild in einiger Entfernung dazu ein optisches Gegengewicht, das mit einer interessanten Zwergkonifere noch betont werden kann. Um die Steine schmiegt sich die Pflanzung, die stellenweise auch über den Rand hinabwallt. Alpine Zwergpolster, die ja erst mit dem Gestein zusammen so richtig zur Geltung kommen und ihre volle Schönheit entfalten können, kuscheln sich dicht an die Steine und quellen aus den Ritzen. Diese macht man im Bedarfsfall selbst: Man setzt einem möglichst großen Stein etliche kleine an und erhält so Spalten und Fugen für ausgesprochene Felspflanzen.
Eine weitere Funktion erfüllen die Steine dadurch, daß sie an ihrer Unterseite lange einen Feuchtigkeitsfilm halten, der gerade für alpine Pflanzen so wichtig ist. Am besten verwendet man ziemlich große Steine, die ruhig etwas in die Erde eingelassen werden können; denn kleine, die dazu noch auf der Oberfläche liegen, erwärmen sich zu leicht, und die Feuchte trocknet sehr schnell ab. Besonders gut geeignet ist poröses Gestein wie Tuff, das Luft und Feuchtigkeit für die Pflanzenwurzeln speichert; brauchbar sind aber auch andere Gesteinsarten.

Pflanzen. Den Vortritt haben die Zwergkoniferen. Je nach Art und Größe des Miniaturgartens nimmt man ein, zwei oder mehr Exemplare von möglichst charaktervollem Wuchs; damit ist das Grundgerüst geschaffen. Den Koniferen folgen ein oder zwei kriechende Zwergsträuchlein am Rand, über den sie sich mit der Zeit hinabbeugen werden. Den Schluß bilden, in gut ausgewogenem Verhältnis zu den Nadelgehölzen, die Gebirgspflanzen.

Zu empfehlen sind Pflanzen mit gut durchwurzeltem Topfballen – sie wachsen ohne Verzögerung weiter. Wenn Gehölze einen stärkeren Wurzelballen aufweisen, kann dieser etwas zusammengepreßt werden, falls der Pflanzraum nicht groß genug sein sollte; besser wird man freilich beim Aufbau jüngere Pflanzen verwenden. Auch bei Gebirgspflanzen, die man meist mit Topfballen bekommt, kann dieser sich manchmal als zu kräftig für die vorgesehene Fuge erweisen – wieder versucht man es mit vorsichtigem Breitdrücken. Kommt man damit nicht weiter, muß man zu den auf Seite 59 beschriebenen Maßnahmen greifen.

Abgießen. Ist der Miniaturgarten gestaltet und bepflanzt, so wird reichlich, aber vorsichtig angegossen, was sehr wichtig ist. Die frische Pflanzerde braucht länger, um sich erst einmal ganz mit Wasser vollzusaugen. So ist besonders darauf zu achten, daß in der ersten Zeit nach der Pflanzung öfters und intensiv gegossen wird. Allzuviel Wasser auf einmal kann solch ein frisch bepflanzter Miniaturgarten nicht aufnehmen. Also muß immer wieder in kurzen Abständen Wasser gegeben werden, damit die Pflanzerde bis unten durchfeuchtet ist. Nach nehrmaligem Angießen

Einige interessante Zwergkoniferen bestimmen den Gesamteindruck dieses alpin bepflanzten Troges

setzt sie sich etwas, und es wird, wenn nötig, mit frischer Pflanzerde aufgefüllt.

Splitt und Grus. Als letzte Maßnahme nach der Bepflanzung werden, wenn notwendig, mit einigen kleinen Steinen allzu kräftig wachsende Polsterpflanzen gegenüber anderen Pflanzen abgegrenzt. Pflanzen, die sich nicht nur wunschgemäß über den Rand legen, sondern sich auch in die Pflanzfläche hinein ausbreiten und leicht die kleineren, feinen Alpinen überwuchern, lassen sich so gut im Zaum halten. Sie werden gezwungen, mehr über den Rand zu wachsen. Auch einzelne Pflanzen können auf diese Weise voneinander getrennt werden. Zum Schluß werden alle Zwischenräume mit Steingrus abgedeckt. Feiner, runder Rieselkies kann zur Not auch verwendet werden; kantiger, gebrochener Steinsplitt ist jedoch besser. Mit einem schweren Hammer kann man ihn leicht selbst machen. Unter einer Abdekkung von Steinsplitt bleibt die Erdoberfläche locker und verschwemmt beim Gießen nicht so schnell. Im Sommer trocknet sie nicht so leicht aus und bleibt länger kühl; im Winter hingegen nimmt die Splittabdeckung die Wärme schneller an, speichert sie etwas und gibt sie langsam an den Untergrund ab. Auf diese Weise kann das Mikroklima zum Wohl der Pflanzen etwas beeinflußt werden.

b Trog

Für eine Trogbepflanzung wird fast ausschließlich die Grundmischung A verwendet, außer sie besteht nur aus Zwergnadelgehölzen und robusten Steingartenstauden. Dann genügt meist eine Packung gute Blumenerde oder eine Kleinpackung TKS, die aber unbedingt mit etwas Betonsand wasserdurchlässiger zu machen ist. Vielfach ist auch zu empfehlen, den handelsüblichen Blumenerden Floratorf beizumischen, ganz besonders dann, wenn die Blumenerde sehr schwarz aussieht, also viel Schwarztorf in dieser Mischung enthalten ist. Durch das Zumischen von Weißtorf erreicht man, daß die robusten Pflanzen nicht zu üppig wachsen. Das wäre unerwünscht – in einem Trog sollen sie ihre Eigenart behalten. Grober Sand sollte bei keiner dieser Erden vergessen werden.

Ein alpin gestalteter Trog sollte mit ausdrucksstarken, zerklüfteten Steinen bestückt werden. Sehr günstig sind Kalkknollensteine, zumal deren Löcher und Mulden den alpinen Felsfugenpflanzen ein vorzügliches Gedeihen sichern. Gleiches gilt für angebohrte und mit Felspflanzen besetzte Tuffsteine. In beiden Fällen verwendet man die Grundmischung F oder auch die Grundmischung A.

(1) Ein Trog wird bepflanzt (Beispiel Seite 147 oben). Dränschicht und Erde sind eingebracht; jetzt stellt man die Pflanzen bereit. (2) Steine plazieren, Gehölze zuordnen, dann folgen die kleineren Gewächse. (3) Die Spinnweb-Hauswurz wird sorgsam in den Kalkknollenstein gesetzt. (4) Im Stein Sedum sempervivoides, am Trograndeingezwängt Helichrysum milfordiae (Strohblume), daneben Erinus alpinus 'Dr. Hähnle' (Alpenbalsam). (5) Alles an seinem Platz. Der Teppichphlox wird noch den Trogrand überwachsen. (6) Der fertige Trog aus anderem Blickwinkel, mit Spinnweb-Hauswurz und Königssteinbrech.

1

2

3

4

5

6

Wenn die Größe des Troges es zuläßt, sollte man den Rand von Zwergsträuchern überwachsen lassen, z.B. von Zwergginster, Zwergweide oder gar kriechendem Blauwacholder. Hinsichtlich der Polsterpflanzen, ihrem bei manchen Arten vorhandenen Ausbreitungsdrang und seiner Zügelung gilt das vorhin Gesagte (Seite 48); vor allem bei kleineren Trögen wird man sich hüten, starkwüchsige Polsterpflanzen zu verwenden, die nur allzuschnell das ausgewogene Verhältnis der Pflanzung stören.
Statt einer Beschreibung der Bepflanzungsmöglichkeiten mögen gerade in diesem Falle die vielen Abbildungen zur Anregung dienen.

Steintrog, gestaltet mit Wurzelstrunk, Steinen und Gebirgspflanzen

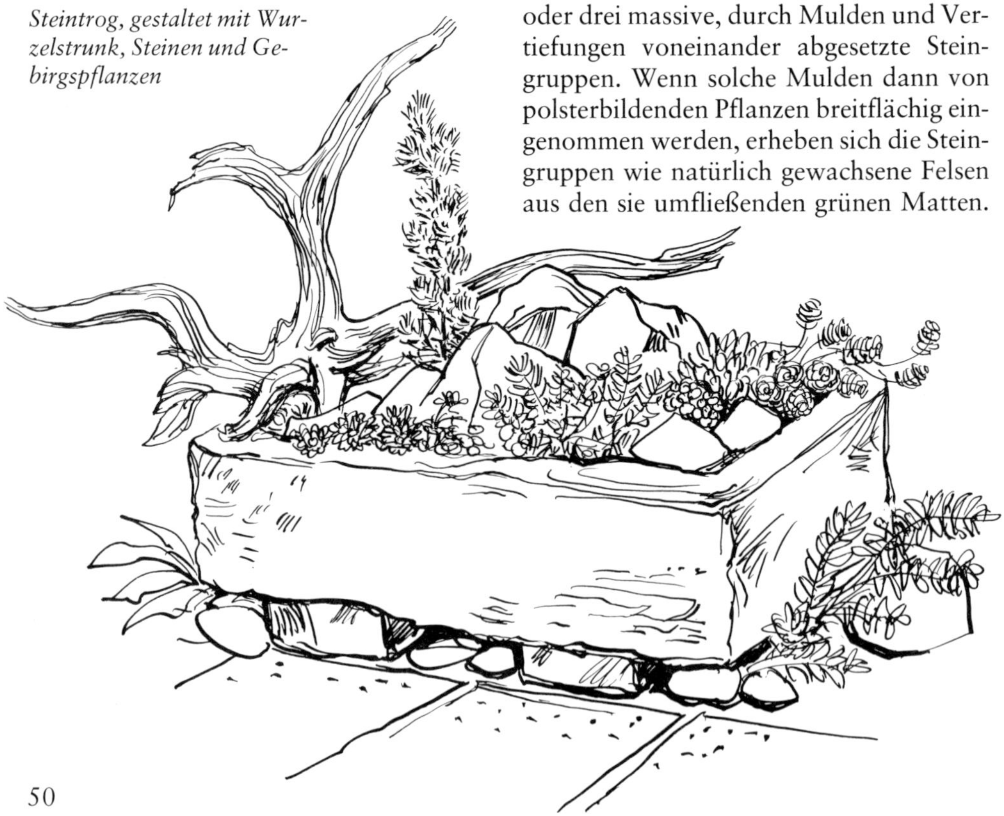

c Tischgarten

Ein Tischgarten wird ähnlich bepflanzt wie ein Steintrog. Doch bietet er noch vielfältigere Möglichkeiten, ein reizvolles Stück Natur nachzugestalten. Um alle diese Möglichkeiten auszuschöpfen, sollte der Aufbau einen starken, alpinen Charakter bekommen. Dazu ist natürlich eine ganze Anzahl Steine notwendig. Sehr gut eignen sich hierfür zerklüftete Steine; geradezu ideal sind durchlöcherte Kalksteine sowie Tuffsteine.
Schon beim Einbringen der Pflanzerde A wird die geplante Form vorgearbeitet. Entweder wird ein großer Hügel über die ganze Länge des Tisches aufgetragen und mit Steinen alpin ausgestaltet, oder man errichtet, auf einem größeren Tisch, zwei oder drei massive, durch Mulden und Vertiefungen voneinander abgesetzte Steingruppen. Wenn solche Mulden dann von polsterbildenden Pflanzen breitflächig eingenommen werden, erheben sich die Steingruppen wie natürlich gewachsene Felsen aus den sie umfließenden grünen Matten.

Damit ist gleichzeitig zum Ausdruck gebracht, daß man bereits beim Aufbau der Steine die künftigen Pflanzstellen im Auge haben sollte; gegebenenfalls wird man dort auch eine spezielle Pflanzerde aufbringen (s. Seite 52). Ebenfalls während des Aufbaues wird man schon die Zwerggehölze zwischen die Steine pflanzen. Die Gelegenheit ist günstig, um den ja etwas größeren Wurzelballen problemlos unterzubringen; später wird man dazu eben den einen oder anderen Stein anheben müssen. In Frage kommen allein solche Pflanzen, die wirklich klein bleiben (siehe dazu unbedingt Seite 64 und 74).

Streng alpin: der Stein dominiert
Am Tischgarten mit einer eindeutig alpinen Gestaltung läßt sich überzeugend demonstrieren, wie wandlungsfähig der Stilbegriff „alpin" ist. Dazu brauchen nur zwei Tischgärten einander gegenübergestellt zu werden, beide selbstverständlich alpin gestaltet, der eine aber streng, der andere gemäßigt.
Den streng alpinen Tischgarten beherrscht der Stein, ihm ordnet sich die Pflanzung unter. Wo er eine so vorrangige Rolle spielt, wird man ganz besonders danach trachten, die von jeder Steingestaltung geforderte Natürlichkeit zu erlangen – sie ergibt sich bei der Verwendung von löcherigen Kalkknollensteinen wie von selbst; die Möglichkeiten, hier die verschiedensten Gebirgspflanzen anzusiedeln, sind fast unerschöpflich, besonders, wenn sich dieser alpine Aufbau in Ost-West-Richtung über die ganze Länge des Tischgartens erstreckt. So wechseln sonnige Pflanzplätze mit beschatteten Stellen ab, warme, trockene Lagen finden sich ebenso wie kühlere Pflanzstellen, die am sonnenabgewandten Fuß

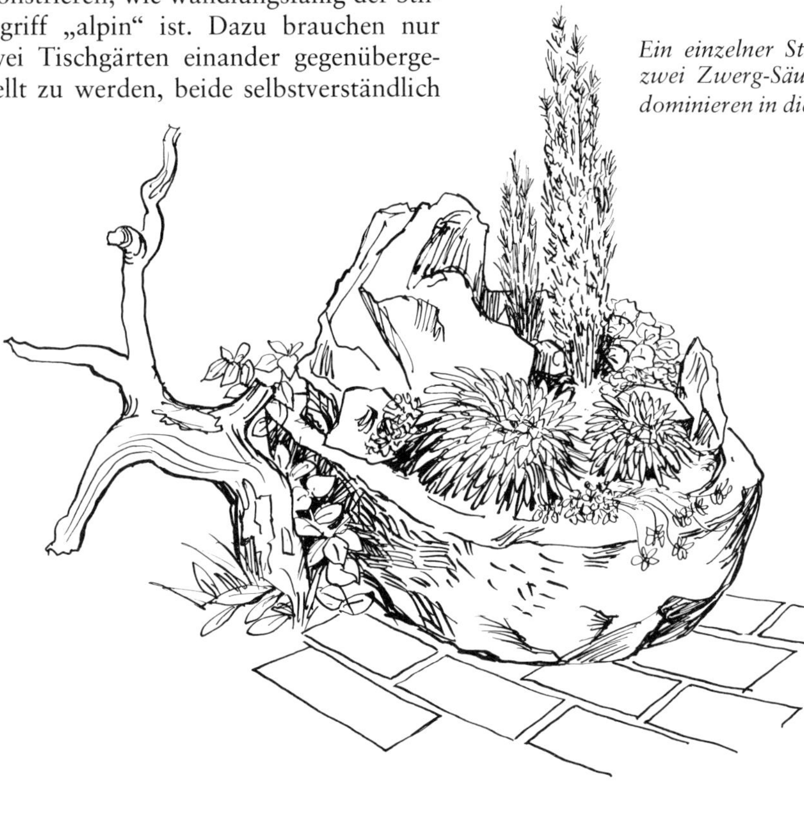

Ein einzelner Stein und zwei Zwerg-Säulenwacholder dominieren in diesem Trog

eines solchen Steinberges nicht so schnell austrocknen. Die Südseite sollte etwas steiler hochgebaut werden; hier kann man ruhig einige Steine unmittelbar übereinanderlegen. Die Nordseite läßt man langsamer abfallen. Größere, ebenere Flächen schafft man am besten am Fuß der alpinen Gestaltung oder ganz oben zwischen einigen besonders eigenartig geformten Abschlußsteinen. Hier können niedrige Polsterpflanzen ruhige grüne Matten bilden, die sehr wohltuend zwischen den Steinen vermitteln und einen alpinen Felsaufbau noch stärker hervortreten lassen. Alpine Felsmieren, Zwerggrasnelken oder, an nicht zu sonnigen Stellen, auch die verschiedensten Moossteinbrech-Arten sind nur einige Beispiele dafür.

Auf einem größeren Tisch können die verschiedenartigsten Gebirgspflanzen untergebracht werden, wenn die Pflanzstellen (gleich beim Aufbau der Steine) mit der entsprechenden Pflanzerde versehen werden. Auf die Grundmischung A kann zur Spitze hin zwischen den Steinen Pflanzerde F aufgefüllt werden, vor allem an der Südseite. Ein Teil der Nordlage wird dafür mit einer humoseren Mischung angefüllt, in der Zwergalpenrosen, verschiedene Primeln, Ramondien und Haberleen sowie Alpenveilchen und Herbstenziane sich wohlfühlen.

Zur Herstellung dieser humosen Pflanzerde nimmt man entweder etwa 1–2 Teile Rhodohum und 1 Teil Grundmischung F oder 2 Teile Rhodohum und 1 Teil Grundmischung A und gibt noch scharfen Sand dazu. Je nach Pflanzenart läßt sich das Mischungsverhältnis noch weiter variieren, indem man mehr Rhodohum gibt oder der Grundmischung A einfachen Torf beimengt.

Bei einem stark alpin gestalteten Tischgarten sollte man sich strikt an tatsächlich klein bleibende Zwerggehölze halten und nicht das Risiko eingehen, sie nach einigen Jahren zum Schaden der Nachbarpflanzen entfernen zu müssen. (Hierzu wird nachdrücklich auf Seite 64ff. verwiesen).

Für die weitere Bepflanzung nimmt man sich am besten zuerst den Rand des Tischgartens vor, dann die untersten, größeren Flächen am Fuße des Steinaufbaus. Den Rand können einige stärker, doch nicht zu robust wachsende Polsterpflanzen besetzen. So gibt es beispielsweise bei Teppichphlox geeignete Arten wie *Phlox douglasii* oder *P. diffusa*, die längst nicht so überhandnehmen wie die Sorten von *P. subulata*. An den gleichen Platz im größeren Tischgarten passen ohne weiteres auch Blaukissen, Seifenkraut und natürlich Felsmieren, Hornklee, Steinnelken oder ähnliche Pflanzen, die sehr schön den Rand

(7) Der Sandsteintrog am Rand der Rasenfläche stellt die Beziehung zu dem Plattenweg her und betont gleichzeitig die gartengestalterische Ordnung. (8) Meisterlich bepflanzter Tischgarten. Sein Geheimnis: das ausgewogene Verhältnis zwischen Pflanze, Stein und Holz, hier in Gestalt eines alten Wurzelstrunks, über den sich im Hintergrund eine ganz locker gewachsene Latschenkiefer mit ihrem lebensvollen Grün erhebt. Zwischen Steinen, Wurzelholz und Zwergpolstern Saxifraga longifolia (Königssteinbrech), rechts winterharte Alpenveilchen (Cyclamen purpurascens).

7

8

überwuchern – den Wuchs nach innen kann man ja durch einen Stein gut begrenzen.
Wenn dieses Grundgerüst gepflanzt ist, können immer wieder einzelne besondere Pflanzen zwischen die Steingruppen gebracht werden. Wie schön schmiegt sich z. B. Steintäschel in die sonnigen Felsfugen, und wie wohl fühlt sich die gegen Nässe empfindliche amerikanische Bitterwurz in einem löcherigen Stein, ganz abgesehen von den krustigen Steinbrech-Arten oder den Kabschia-Saxifragen, die besonders in absonniger Lage zwischen engen Steinen auf einem alpin gestalteten Tischgarten ausgezeichnet gedeihen.
Für sehr nässeempfindliche Arten kann an einer geeigneten Stelle sogar ein kleines Geröllfeld angelegt werden: An einer leicht geneigten größeren Pflanzfläche wird die Erde schon von unten auf mit groben Steinchen oder mit Bimskies durchsetzt. Zur Oberfläche hin wird dieses Material immer reichlicher und gröber, so daß die Erde zum Schluß fast ausschließlich aus grobem Geröll besteht. Solch eine Pflanzstelle ist ideal für Lewisien, Alpenmohn, und die verschiedensten Moränen- oder Geröllpflanzen der Alpen. Die vielfältigen Möglichkeiten, verschiedenartigste Pflanzstellen auf kleinstem Raum zu schaffen, machen gerade diese Miniaturgärten so faszinierend.
Ein größerer Tisch dürfte kaum auf einmal vollständig bepflanzt werden; denn zu viele Pflanzen passen darauf, und nicht alle werden gleich zur Stelle sein. Dann bleibt der Platz für sie eben reserviert.

Alpin gestalteter Tischgarten mit ausgewogenem Wechselspiel von Stein und Pflanze

Gemäßigt alpin: die Pflanze tritt hervor

Nun zur angekündigten zweiten Version alpiner Gestaltung. Der Stein gibt seine beherrschende Rolle ab, hervor tritt die Pflanze. Diese Lösung erlaubt auch dann einen Tisch ansprechend zu gestalten, wenn nur wenige Steine zur Verfügung stehen. Voraussetzung ist, daß beim Einbringen der Grundmischung A die Oberfläche eine gewisse Bewegung erhält und die herausmodellierten sanften Hügel und Täler durch eine entsprechende Bepflanzung gut unterstützt werden. Zwergkoniferen übernehmen zusammen mit ein paar besonders charaktervollen Steinen die Hauptrolle und prägen das Bild dieses Tischgartens, dessen Wirkung eine bizarre Baumwurzel noch wesentlich zu steigern vermag. Dabei fällt den eher einzeln eingefügten Steinen die Aufgabe zu, die Pflanzung optisch zu unterstützen und zwischen den Pflanzen zu vermitteln. Daher kommt es ganz besonders auf die Auswahl der hervortretenden Pflanzen an, also auf die Zwergkoniferen, wobei die Art weniger entscheidend ist als vielmehr der Wuchs. Bei dieser Lösung sollten sie nicht zu klein sein. Wenn verschiedene Zwergkoniferen verwendet werden, erzielt man einen spannungsreichen Kontrast durch die Gegenüberstellung einer gedrungen und einer aufrecht wachsenden Art. Beispiel: eine langsam wachsende Form der Zirbelkiefer und eine blaue Zwergkriechkiefer. Die Pflanzen werden auf oder unmittelbar an einen Hügel gepflanzt, und zwar stets im Hintergrundbereich. Wenige, nicht zu kleine Steine betonen die Hügel mit den Pflanzen; eine urige Baumwurzel, in oder neben einer Zwergkiefer plaziert, erweckt den Anschein, als sei das Bäumchen in sie eingewachsen.

Einer massiven Steingestaltung steht schlank und senkrecht ein Zwergnadelgehölz gegenüber

Auch bei dieser Art Tischgarten läßt man stärker wachsende Polsterpflanzen über den Rand quellen. Ein blauer Kriechwacholder, *Juniperus horizontalis* 'Glauca', eignet sich genausogut für diesen Zweck wie etwa eine Kriechweide, *Salix simulatrix*, oder ein Zwergginster wie *Cytisus decumbens*. Einige Zwergpolster ergeben, zu mehreren Exemplaren gepflanzt, ruhige grüne Polsterflächen, die z.B. bei *Silene acaulis* 'Floribunda' während der Blütezeit mit roten Blüten dicht besetzt sind.

Die einzelnen Pflanzgruppen werden mit einigen Steinen ab und zu begrenzt und unterbrochen; dadurch gewinnt man immer wieder vor dem Überwuchern bewahrte Pflanzstellen. Dort können auch echte Edelweiß gepflanzt werden; aber auch *Townsendia*, eine Alpenaster der Rocky Mountains, oder andere, mehr einzeln wachsende Gebirgspflanzen finden hier ihren Platz. Die Auswahl ist so reichhaltig, daß es meist schwierig wird, sich hierbei etwas Beschränkung aufzuerlegen, damit nicht zu vielerlei untergebracht wird. Gerade bei der pflanzlich betonten Gestaltungslösung sollte ja der Tischgarten eine etwas ruhiger wirkende Pflanzung tragen –

die einzelnen Arten werden einfach etwas flächiger gepflanzt. Einige besonders interessante Einzelpflanzen sollten allein oder in kleinen Gruppen dazwischengestreut werden.
Nach dem Angießen wird, wenn notwendig, noch etwas Erde nachgefüllt (s. Seite 48), und die ganze Oberfläche wird mit Steinsplitt – Körnung bis Erbsengröße – leicht überdeckt.

Lösung für kleine Tischgärten
Kleinere Tischgärten, etwa in den Maßen 120 × 60 cm, werden meistens eben gestaltet. Selbst wenn die Tiefe nur etwa 12–15 cm beträgt, ist es möglich, hierauf eine sehr ansprechende Pflanzung anzulegen; ganz besonders eindrucksvoll ist eine Gestaltung ähnlich den Bonsai- oder Saikei-Gärtchen. So kann in die Pflanzerde A auch einmal eine ganze Gruppe gleicher Zwergkoniferen gepflanzt werden, z.B. eine Dreierpartie des Zwerg-Säulenwacholders (*Juniperus communis* 'Compressa'), die um einige kleine Steinbrocken angeordnet wird. Als Gegenstück wirkt eine Zwergulme (*Ulmus elegans* 'Jacqueline Hillier') sehr schön. Dazwischen bildet ein alpines Zwergpolster dichte Matten, immer wieder von einigen kleinen Steinbrocken unterbrochen. Dies sind nur Andeutungen von Möglichkeiten – der eigenen, schöpferischen Fantasie sind in der Gestaltung keine Grenzen gesetzt.

d Miniatursteingarten, Kleinalpinum oder Felsgarten

Steingärtchen für den Einstieg
Über den Miniatursteingarten sind viele schon tiefer in die Welt der Alpinen eingedrungen und dort heimisch geworden. Er eignet sich für den Anfänger besonders deshalb, weil er größere Flächen für minder heikle, aber gewiß nicht weniger schöne Gebirgspflanzen bietet (selbstverständlich gedeihen dort auch anspruchsvollere Alpenpflanzen), und weil weiter seine Gestaltung zwar weniger Steine, aber nicht weniger Fantasie erfordert. Aus der eingebrachten Grundmischung A wird die „Topographie" des Steingartens gebildet, mit Hügeln, leicht abfallenden Flächen und Mulden. Eine weiche, fließende Gestaltung ist günstiger und wirkt nach der Bepflanzung besonders wohltuend.
Die Auswahl an geeigneten Gehölzen und alpinen Pflanzen ist sehr groß, und man kann hier wählerisch sein. So brauchen beileibe nicht alle Zwergkoniferen niedrig-buschig zu sein; als besonderen Akzent wird man auch einmal eine aufrechtwachsende Säule setzen. Es ist nur darauf zu achten, daß ein zu starker Wuchs das Gesamtbild nicht sprengt; andererseits sollten die Bäumchen auch nicht zu klein sein.
Alles in allem ist ein gut abgewogenes Aussehen anzustreben, und der eigenen Fantasie ist hier ein weites Feld eingeräumt.

(9) Vitrine für Kostbarkeiten: Kalkknollenstein auf Unterlage (steinerner Fensterrahmen), durch Saxifraga cotyledon optisch miteinander verbunden. (10) Der zersprungene Rahmen wurde an Ort und Stelle wieder zusammengefügt. (11) Wirkungsvoll auf hellem Stein: dunkle und rötliche Sempervivum, hier 'Rubin'. (12) Bepflanzter Futtertrog mit Schüttschnauze. Der helle Schwerspatstein bildet einen vorzüglichen Kontrast zum dunklen Sandstein des Troges und dem Grün der Pflanzen. (13) Ein Nadelgehölz, etliche Hauswurz, Steine – das kann genügen. (14) Tischgarten, Ausschnitt. Er zeigt den Aufbau der Konstruktion und eine zu jeder Zeit ansprechende Gestaltung.

9

10

11

12

13

14

Zwerggehölze pflanzt man möglichst an einen Hügel, um den optischen Eindruck der Erhebung zu betonen. An den Erhebungen, wo die besonderen Felspflanzen gruppiert werden, baut man die Steine etwas massiert ein, oder man setzt einen größeren, möglichst zerklüfteten Stein dort hin. Wenn noch einige kleinere Steine angereiht werden, können die so entstehenden Fugen und Spalten gut mit nichtwuchernden Gebirgspflanzen besetzt werden. Um ihren Fuß breiten sich mehrere polsterbildende Pflanzen der gleichen Art aus (wenigstens jeweils fünf bis sieben Exemplare, je nach Größe auch mehr); sie lagern dort als eine ruhige, größere Fläche, was die Erhebung weiter unterstreicht. Einige kleine Steine vermitteln zwischen den Arten, weitere verhindern Überwucherung.

Immer sollte im Miniatursteingarten eine ruhige Grundpflanzung vorherrschen, aus der einige besondere Pflanzen als Blickpunkt hervortreten. Der Pflanzenfreund wird dort mit Geschick allerlei Pflanzenschätze unterzubringen wissen. Nach dem Angießen mit feinem Steingeröll abdekken.

Kleinalpinum für Fortgeschrittene

Der Felsgarten (oder das Kleinalpinum) ist der Platz, wo der Kenner und Könner seine besonderen Pflanzenschätze nach allen Regeln der Kunst hegen und pflegen kann. Durch einen geschickten Aufbau bieten sich vielfältige Möglichkeiten, vor allem für die alpinen Hochgebirgspflanzen.

Größere Steine, aufgebaut in natürlicher Schichtung, sind charakteristisch für diesen Miniatursteingarten

Zunächst wird über die Dränage Pflanzerde A aufgebracht. Während des weiteren Aufbaus sollte jedoch ein Teil der Anlage mit Pflanzerde F versehen werden, besonders an der Sonnenseite; an der absonnigen Seite bietet die Pflanzerde M die Grundlage für ein gutes Gedeihen von Humus- und Moorbeetpflanzen. Für alpine Felsprimel, Alpenveilchen oder auch herbstblühende Enzianarten wird der Grundmischung M mehr Sand beigegeben. Zwischen den sonnigen Felsfugen und in Pflanzerde F fühlen sich die meisten hochalpinen Felspflanzen besonders wohl. Die Grundmischung kann, je nach den besonderen Bodenansprüchen, leicht variiert werden, indem ihr mehr Sand, Perlite, Bimskies oder Blähton beigegeben wird. Wenn alle drei Grundmischungen zum Aufbau eines Kleinalpinums verwendet werden und für die Pflanzen sowohl sonnige als auch beschattete Pflanzstellen vorhanden sind, dann gibt es eigentlich keine weiteren Schwierigkeiten bei der Pflege der alpinen Pflanzen. Schlußakt beim Aufbau: mit Splitt und Grus abdecken.

e Wallgarten und Hochbeet

Beim Bepflanzen der Fugen von Wallgarten und Hochbeet tritt gelegentlich die bereits (auf Seite 47) erwähnte Schwierigkeit auf, daß nämlich der Topfballen einer Gebirgspflanze nicht in die vorgesehene Fuge hineingeht. Hilft sanftes Breitdrükken nicht, kann er ausgeschüttelt oder etwas ausgewaschen werden. Geschieht dies vorsichtig und werden dadurch keine

Erst eine ausgewogene Bepflanzung gibt einem Felsgärtchen das richtige Aussehen

Wurzeln beschädigt, so ist dies die beste Methode, Gebirgspflanzen in engen Felsfugen anzusiedeln. In den angegebenen Pflanzsubstraten wachsen sie meist ohne Schwierigkeit weiter und entwickeln sich rasch und gut. Je nachdem ist aus den Fugen erst etwas Erde zu entnehmen, um Platz für die Pflanze zu schaffen. Die Wurzeln werden vorsichtig mit einem dünnen Holzstab in die Fugen eingeführt, möglichst tief, und immer wieder wird mit Pflanzerde festgedrückt. Es ist unbedingt darauf zu achten, daß die Wurzeln tief in den Fugen verankert werden und die Pflanzen zum Schluß darin dicht und fest sitzen; andernfalls würden sie unweigerlich entweder vertrocknen oder aber vom Regen herausgespült werden.

Für den Wallgarten kann sowohl Grundmischung A als auch Erde F gebraucht werden. Ideal ist es, im unteren Teil Pflanzerde A zu verwenden und das obere Drittel mit Pflanzerde F aufzufüllen. Man hat so einen weiten Spielraum in der Pflanzenauswahl. Die Wallkrone wird mit immergrünen Zwergnadelgehölzen ausgestaltet, vorzugsweise mit niedrigbleibenden und mehr in die Breite wachsenden. Dort plaziert man am besten auch die Pflanzen mit stärkeren Ballen. Im oberen Bereich ist es vielfach auch möglich, einige Steine anzuheben, die Pflanzen dazwischenzusetzen und die Steine wieder fest aufliegen zu lassen.

Beim Hochbeet darf etwa die Hälfte seines Rauminhalts aus der Dränage bestehen. Im allgemeinen reicht Pflanzerde A aus, doch kann auch hier, je nach Pflanzenart, mit Pflanzerde F variiert werden. Die Fugen werden genauso bepflanzt wie beim Wallgarten, die Krone kann mit einer größeren Auswahl interessanter Zwerggehölze bepflanzt werden.

Hier wirken Zwergkoniferen mit säulenartigem Wuchs sehr gut, und mit einigen Exemplaren des Zwerg-Säulenwacholders (*Juniperus communis* 'Compressa') oder der Zwerg-Zuckerhutfichte (*Picea glauca* 'Laurin') können sehr ausdrucksvolle Gruppierungen erreicht werden, genausogut wie mit verschiedenen Zwergseidelbast-Arten *(Daphne cneorum, D. sericea)*, Zwergweiden und anderen mehr. An einem nicht zu sonnigen Standort wirken verschiedene Formen der Zwergeibe sehr gut, so etwa *Taxus baccata* 'Fastigiata' (Säuleneibe) oder *Taxus cuspidata* 'Nana' mit ihrem langsamen, unregelmäßigen Wuchs.

f Kalkknollenstein

Kalkknollensteine eigenen sich ihrer Hohlräume und Löcher wegen sehr gut für vielerlei Felspflanzen. Die Hohlräume, die oft den ganzen Stein durchziehen, werden mit Pflanzerde A oder F ausgefüllt, jedoch ohne diese zu stark festzudrücken. Manchmal wird es notwendig sein, einen Teil der Löcher im Innern zu erweitern, was leicht mit dem Meißel oder der Bohrmaschine geschehen kann. Wird ein erweitertes Loch bepflanzt, so ist dem Stein äußerlich nichts mehr anzusehen; das Pflanzenpolster deckt die Spuren der Nachhilfe ab. Erweiterungen sind meist auch deshalb nötig, um Löcher oder Vertiefungen mit anderen Hohlräumen zu verbinden und dadurch einen guten Wasserabfluß zu gewährleisten. Hier ist zu beachten, daß die alpinen Pflanzenpolster zur Gänze in den Löchern sitzen und mit ihren Wurzeln nicht an der Oberfläche bleiben. Einige Rosetten-Steinbrecharten, ganz besonders jedoch die verschiedensten Hauswurzarten und -sorten eignen sich sehr auch für flache

Mulden und Vertiefungen, ohne daß diese eine Verbindung mit inneren Hohlräumen besitzen müssen.
Wer einen solchen Stein besonders interessant bepflanzen möchte, sollte es ruhig einmal auf Bonsai-Art mit einem jüngeren Nadel- oder Laubgehölz versuchen. Ein entsprechend erweitertes Loch wird nur ein wenig mit Erde A angefüllt und der Wurzelballen des Zwerggehölzes gut in diesem Hohlraum „verankert". Mit Pflanzerde wird dann aufgefüllt und gut angedrückt. Hat man einen Stein, an dem einige Löcher dicht beieinander liegen, so kann der Wurzelballen einer entsprechenden Pflanze vorsichtig ausgewaschen und einzelne, größere Wurzeln können in die verschiedenen Löcher verteilt werden. Dies muß natürlich so vorsichtig geschehen, daß die Wurzeln möglichst unbeschädigt bleiben. Sie müssen fest in den Löchern verankert werden, damit die ganze Pflanze einen guten Halt bekommt. Die Japaner arbeiten dazu meist mit einem Draht, der Stein und Bonsai-Bäumchen so lange fest umschlungen hält, bis die Bäumchen ganz und gar eingewachsen sind. Ob Zwergkiefer oder Zwergwacholder – wie sie sich eng an das Gestein schmiegen, sich mit ihren Wurzeln darin förmlich verkrallen und eins werden mit ihm – dies kann ein höchst malerischer Anblick sein.
Sehr wichtig ist hierbei wieder die Bewässerung, bis die Pflanzen wirklich Fuß gefaßt haben und eingewachsen sind; nie dürfen sie austrocknen, stets muß eben das richtige Maß an Feuchtigkeit vorhanden sein. Eventuell kann ein einzelner bepflanzter Stein auch eine Weile an etwas absonnigem Platz stehen, um besseres Anwachsen zu gewährleisten, dann erst kommt er an die volle Sonne. Sonst kann man sich auch durch leichtes Schattieren mit Tannenreis helfen. Die Mühe lohnt sich, bilden doch solche Zwergkoniferen, richtig ausgewählt und richtig gepflanzt, einen interessanten Höhepunkt eines alpinen Miniaturgartens.

5 Pflege

a Bewässerung

Die Pflege der alpinen Miniaturgärten ist meist problemlos und beschränkt sich im wesentlichen auf die Bewässerung. Bei frischer Bepflanzung ist etwas Fingerspitzengefühl nötig, bis neue Wurzeln gebildet sind. Ist erst alles angewachsen, gibt es nicht mehr viel Arbeit. Viele Pflanzen sind robuster, als manchmal angenommen wird und vertragen auch extreme Witterungsbedingungen, nur sollte es nicht zum vollständigen Austrocknen kommen. Die dikken Steinwände der Tröge und die vielen Steine der Miniaturgärten können das eine Zeitlang verhindern. Je kleiner die Anlage oder das Gefäß, desto eher muß natürlich gegossen werden; besonders Balkonkästen, Kübel und Schalen erfordern in dieser Hinsicht etwas mehr Aufmerksamkeit (Ausführliches dazu s. Seite 68) . Doch mehr Alpenpflanzen gehen durch zuviel Gießen ein als durch Trockenheit. Dankbar sind sie für ein öfteres leichtes Überbrausen am späten Nachmittag oder Abend; besonders im Sommer und im Tiefland. Damit soll ein wichtiger Faktor ihrer natürlichen Standortverhältnisse ersetzt werden, nämlich Feuchtigkeitszufuhr ohne Durchnässung des Bodens. Sie erfolgt in erster Linie durch den starken Tau, der sich im Gebirge infolge der großen Temperaturunterschiede zwischen Tag und Nacht bildet, aber auch durch Nebel und heftige

Gewittergüsse mit nachfolgendem Sonnenschein. Dank dieser Vorgänge und einem durchlässigen Untergrund steht der Pflanze ein wohldosiertes Maß an Feuchtigkeit in Luft und Boden zur Verfügung.
Glücklich, wer in der Nähe seines alpinen Miniaturgartens einen festen Wasseranschluß besitzt; ihm macht die Bewässerung wenig Sorgen. Es kann dann bereits während des Aufbaus eine Wasserleitung eingebaut werden. Mit einer Kunststoffrohrleitung oder mit einem guten stabilen Hochdruckwasserschlauch ist dies leicht zu bewerkstelligen. Man verbindet die Leitung fest mit der Wasserversorgung, oder man installiert am Fuße des Miniaturgartens einen Schlauchanschluß mit einer Schlauchkupplung und schließt je nach Bedarf einen Zuleitungsschlauch an. Auf alle Fälle sollen diese Leitungen so verlegt werden, daß sie im Herbst immer entleert werden können, um im Winter nicht einzufrieren. Am Ende der Leitung wird dann eine Pralldüse angebracht, mit der die ganze Anlage bewässert werden kann. Diese Düsenleitung ist im Innern der Anlage unsichtbar untergebracht und stört das Gesamtbild nicht. Eine etwas aus der Oberfläche ragende Düse wird gut mit einigen kleinen Steinen umbaut, so daß sie nicht in Erscheinung tritt.
Sprüht man mit einem Schlauch, ohne feste Installation, sollte darauf geachtet werden, daß der Wasserstrahl möglichst fein zerstäubt wird. Es gibt sehr gute Schlauchgießgeräte, an die eine zum Gießen und Spritzen sehr gut geeignete Fächerdüse angeschraubt werden kann. Die Pflanzen erhalten dabei Feuchtigkeit, ohne daß der Boden zu naß wird. Nur hin und wieder muß einmal gründlich gegossen werden, besonders in den warmen Sommermonaten.

Ab Spätherbst werden die Gebirgspflanzen wieder trockener gehalten. (Siehe auch „Überwinterung“, Seite 64.)

b Abgeblühtes und Kümmerndes versorgen

Die weitere Pflege von alpinen Miniaturgärtchen beschränkt sich darauf, verwelkte Blätter oder abgestorbene Triebe auszuputzen und abzuschneiden. Ein Umsetzen ist nicht notwendig, fühlen sich doch die meisten Gebirgspflanzen erst dann so richtig wohl, wenn sie einige Zeit an ihrem Platz sitzen und in Ruhe gelassen werden. Nur was nicht so richtig gedeihen mag, wird vorsichtig an eine andere Stelle gesetzt. Einige Gebirgspflanzen sind von Natur aus nicht langlebig und müssen immer wieder nachgesetzt werden. Aus diesem Grunde ist es nicht angebracht, immer alle abgeblühten Blumen abzuschneiden. Abgesehen davon, daß die Samenstände vieler Gebirgspflanzen sehr dekorativ aussehen, kann der Samen selbst von Nutzen sein. Samen von seltenen Pflanzen ist meist schwer zu erhalten, und er kann ein gutes Tauschobjekt bei anderen Liebhabern mit dem gleichen Hobby sein. Auch wenn Samen nicht geerntet wird, so läßt man diesen gern von selbst ausfallen. Vielleicht entwickeln sich daraus wieder neue, junge Pflänzchen, die dann wieder angesiedelt werden können.

c Düngung

Die Düngung der Gebirgspflanzen braucht bei einer ganz neuen Anlage erst später überlegt zu werden: Hat man eine der empfohlenen Pflanzerden verwendet, so sind die Pflanzen zumindest für das ganze erste Vegetationsjahr genügend mit Nährstoffen versorgt; die alpinen Pflanzen sind in dieser Hinsicht sehr genügsam. Sie sollen ja nicht ins Kraut schießen, sondern den typischen Zwergwuchs der Felspflanzen behalten. Es ist besser, sie etwas magerer zu halten, sie sind dann auch nicht so anfällig gegen extreme Winterbedingungen. (Anders in kleineren Gefäßen; s. Seite 68.) Bei der Verwendung von Pflanzerde auf Torfbasis hat sich gezeigt, daß das Nachdüngen mit einem flüssigen, wasserlöslichen Volldünger von den Gebirgspflanzen sehr gut vertragen wird. Eine flüssige Düngung ist auch deshalb zu empfehlen, weil die Düngermenge besser und gezielter verteilt werden kann. Zwergkoniferen und Zwergblütensträucher können stärker gegossen werden; empfindlichere alpine Pflanzen, die keine Nachdüngung benötigen, kann man aussparen. Zwerggehölze in Trögen und Gefäßen sind ab dem zweiten oder dritten Standjahr sehr dankbar für eine flüssige Düngung.

Für alle Gebirgspflanzen gilt, daß man möglichst keinen einseitigen Stickstoffdünger verwenden sollte; phosphor- und kali-betonte Dünger sind dagegen vorzuziehen. So wird weniger das Wachstum einseitig beeinflußt, die Blütenbildung dagegen wird gefördert und die Winterhärte der Pflanzen gestärkt. Solche Dünger sind z. B. Blütal und Poly-Fertisal. Der Einfachheit halber kann jedoch auch jeder gebräuchliche Volldünger verwendet werden, sei es nun Wuxal, Hakaphos, Mairol, Etisol oder dergleichen. Bei der Düngung gilt, lieber einmal öfter mit schwacher Konzentration (1 g/l Wasser) zu gießen. Spätestens Mitte bis Ende Juni sollte auf keinen Fall mehr gedüngt werden, damit die Pflanzen noch genügend ausreifen können und nicht zu weich in den Winter gehen. Speziell für Alpen- und Gebirgspflanzen haben sich auch organische Dünger auf Horn-Knochenmehl-Basis gut bewährt. Im Spätherbst oder zeitigen Frühjahr wird dieser Dünger leicht zwischen die Pflanzen gestreut und mit Pflanzerde abgedeckt. Ein organischer Dünger wirkt mild, aber auch sehr langsam. Wenn jedoch immer im Herbst oder im Frühjahr zwischen die Pflanzung Erde A oder F gebracht wird, erübrigt sich bei Gebirgspflanzen eine weitere Düngung.

d Schädlinge

Unter Schnee und Tannenzweigen halten sich gern Mäuse auf. Da sie gern größere Polster anfressen und unterhöhlen, können sie sehr lästig werden. Man bekämpft sie mit geeigneten Fallen oder Giftweizen. Beim Auslegen von Giftweizen sollte man darauf achten, daß die Körner entweder restlos in die Mauselöcher gegeben oder mit einer Steinplatte abgedeckt werden. So kommen Vögel nicht in Versuchung, sich an dem Giftweizen zu „laben“. Sonstige Schädlinge treten meist wenig an den Pflanzen auf; lediglich auf Schnecken muß man ein Auge haben. Vornehmlich die kleinen Nacktschnecken können über Nacht ganze Pflanzen abfressen; Glockenblumen und Freilandorchideen sowie alle Pflanzen mit zarten Blättern werden besonders bevorzugt. Hier hilft am besten eine vorbeugende Behandlung mit Schneckenkorn. Viele Pflanzen treiben zwar meist wieder von unten aus, auch wenn sie von Schnecken abgefressen wurden. Doch gerade, wenn man sich auf eine Blüte gefreut hat, die in Knospe stand, ist es ärgerlich, wenn am anderen Morgen nur noch der nackte Stiel dasteht. Auch Erdraupen können schon mal an Gebirgspflanzen Schaden anrichten, sie fressen die Wurzeln meist am Hals ab. Ehe man sich versieht, hängt eine Rosette nur noch auf der Erde, ganz ohne Wurzeln. Gegen Erdraupen gibt es Mittel, die gegossen werden, oder auch Pulver, das in den Boden eingearbeitet wird. Im Fachgeschäft wird man beraten, welches der vielen angebotenen Mittel für den speziellen Fall am geeignetsten ist. Blattläuse treten an Gebirgspflanzen meist nicht besonders stark in Erscheinung. Sollten sie einmal an einigen Pflanzen überhandnehmen, gibt es genügend ungiftige Mittel, um ihrer Herr zu werden. Parexan z.B., das auf pflanzlichen Wirkstoffen beruht, ist bienenungefährlich. Wofür man sich auch entscheidet – man achte immer darauf, daß man kein besonders giftiges Mittel verwendet und daß es vor allen Dingen bienenungefährlich ist. Nicht immer gleich mit Kanonen nach Spatzen schießen! Gegen Blattläuse hilft übrigens oft ein altes Hausmittel – Schmierseifenbrühe!

e Überwinterung

Vor Einbruch des Winters werden alle Pflanzen noch einmal überprüft, alle welken und faulen Triebe abgeschnitten. Pflanzen, die sich etwas in die Höhe gearbeitet haben, werden mit leichter, sandiger Pflanzerde unterfüllt. Zwerggehölze, besonders immergrüne Koniferen, werden noch einmal gut gewässert. Gebirgspflanzen stehen in dieser Jahreszeit eher trockener, doch bevor die Erde ganz austrocknet, sollte auch im Winter bei frostfreier Witterung ab und zu vorsichtig gegossen werden. Zum Schutz vor zu starken Kahlfrösten und praller Wintersonne können die Pflanzen an der Südseite mit Tannenzweigen geschützt werden. Im Frühjahr werden diese rechtzeitig entfernt; es ist jedoch von Vorteil, sie vorläufig in der Nähe liegenzulassen, denn oft kommt noch einmal ein Witterungsumschwung, und dann werden die Zweige wieder benötigt.

f Gehölzerziehung

Gehölze bilden das Gerüst einer Pflanzung; sie setzen die Maßstäbe und geben ihr die Proportionen vor. Dies gilt auch und erst recht für das Miniaturgärtchen, dessen Harmonie sie stören und zerstören, wenn sie zu groß werden. Mit dieser Gefahr ist bei Fels- und Tischgärten, Wallgärten und Hochbeeten zu rechnen, wenn man sich dort nicht eisern auf wirklich langsam wachsende Gehölze mit ausgesprochenem Zwergwuchs beschränkt hat. Dort nämlich steht ihnen – im Gegensatz zum Trog oder gar kleineren Gefäßen – genügend Wurzelraum mit entsprechendem Nährstoffangebot zur Verfügung, so daß die hier plazierten Pflanzen leicht zu groß werden können. Sie sind dann schwer

(15) Einmal nicht streng-alpin (Festuca scoparia, Hebe armstrongii, Thuja occidentalis 'Filiformis'). (16) Gartengestalterisches Element: Futtertrog auf Rasenfläche neben Orientalischer Fichte (Picea orientalis 'Aureo-Spica'). (17) Kalkknollensteine, mit Fantasie und Geschmack verwendet. (18) Im Trog nach Bonsai-Art kleingehaltene Japan-Lärche (Larix kaempferi). Gegenüber ein Zwerg-Säulenwacholder (Juniperus communis 'Compressa'). (19) Tischgärtchen aus „Hypertufa"-Mischung, frisch bepflanzt. (20) Zwerge im Trog: fast 20jährige Zuckerhut- neben Igelfichte (Picea glauca 'Laurin', P. glauca 'Echiniformis') und Zirbelkiefer (Pinus cembra 'Nana').

15

16

17

18

19

20

im Zaum zu halten, und oft wird mit der Zeit nichts anderes übrigbleiben, als sie zu entfernen, was ohne erhebliche Beschädigung der Nachbarpflanzen meist nicht möglich ist.

Eine sehr brauchbare Möglichkeit, Nadelgehölze kurz und gedrungen zu halten, ist das Ausbrechen der noch weichen Frühjahrstriebe. Sie müssen unbedingt noch weich sein, keinesfalls dürfen sie schon verholzen. Die Maitriebe werden nicht ganz ausgebrochen, ein oder zwei Zentimeter bleiben stehen. An dem abgebrochenen oder abgeschnittenen Ende setzt die Pflanze nun ihre Endknospen an, die im nächsten Jahr wieder ganz normal durchtreiben. Dann wird die Prozedur wiederholt. Diese Methode eignet sich – auch im Garten – besonders gut für alle Kiefernarten, die dadurch mühelos einen gedrungeneren, kompakten Wuchs erhalten, und sie läßt sich erfolgreich auch bei Fichten, Tannen und anderen Nadelgehölzen anwenden.

Was Tröge und sonstige Gefäße angeht, so wird zwar der Alpenpflanzen-Experte auch bei ihnen in erster Linie auf die von Natur aus kleinbleibenden Arten zurückgreifen, die also nicht erst durch eine entsprechende Behandlung zum Zwergwuchs erzogen werden müssen; gleichwohl eignen sich für Tröge usw. daneben auch solche Gehölze, die im Garten draußen nicht unbedingt bei Zwergengröße stehenbleiben. Aber in den Gefäßen mit ihrem reduzierten Wurzelbereich und dem dadurch bedingten bescheideneren Nährstoffangebot entwickeln sie sich viel langsamer, so daß sie in Jahren höchstens ein Drittel ihrer normalen Größe erreichen. Man sollte sie nur ab und zu einmal mit der Schere ein wenig ausschneiden und den natürlichen Wuchs dadurch unterstützen.

Eine urwüchsige Pflanzengestalt verleiht dem alpin bepflanzten Trog die besondere Note

Zwergwuchs nach Bonsai-Art. Das Bestreben, den Wuchs einer Pflanze zu beeinflussen, wird in der japanischen Kunst des Bonsai am entschiedensten verwirklicht. Es handelt sich wirklich um eine Kunst, deren Ausübung sehr viel Sachkenntnis erfordert. Dennoch sind ihre Methoden – von Intervall zu Intervall gezieltes Angebot an Wurzelraum und Nährstoffen, Beschneiden der Wurzeln und Triebe, Biegen und Formen der Zweige mit Draht und anderen Hilfsmitteln – auf zahlreiche heimische Gewächse übertragbar, und wer möchte, der kann in Trögen, Kübeln, Schalen oder Balkonkästen winterharte Zwergbäumchen nach Bonsai-Art ziehen. Doch es geht auch einfacher und natürlicher; man kann es ja draußen sehen!

Mit Steinen, Zwergkoniferen und Gebirgspflanzen kann auch ein Balkonkasten alpin gestaltet werden

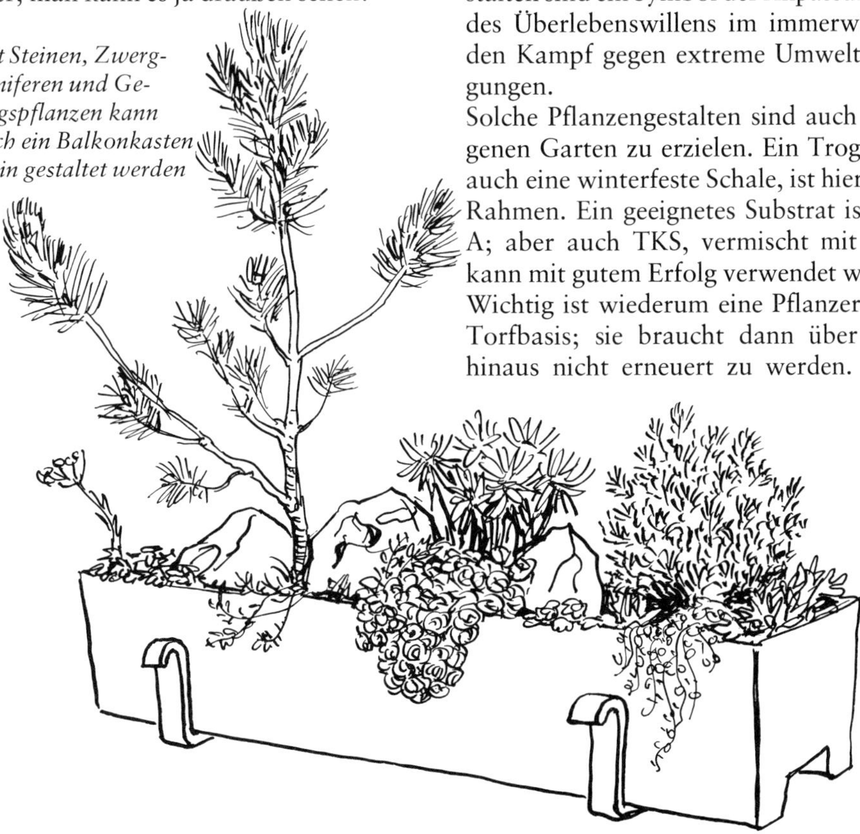

Natürliche Methode. In den Bergen werden, bedingt durch Boden- und Witterungseinflüsse, viele Nadelgehölze, die in Tallagen und in der Ebene große Bäume bilden, im Wuchs erheblich gehemmt. Der karge, felsige Boden gibt ihnen wenig Nahrung, gerade so viel, daß sie eben lebensfähig bleiben. Wind und Wetter, Sturm, Eis und Schnee lassen die Pflanzen in großen Höhenlagen nie richtig zur Entfaltung kommen, und Schneebruch, aber auch Gemsen und andere Tiere der Bergregionen sorgen dafür, daß sie immer wieder gestutzt und niedriggehalten werden. Dennoch behaupten sich manche Nadelgehölze hoch oben aller Unbill zum Trotz; ihre wild zerzausten, oft verkrüppelten Gestalten sind ein Symbol der Anpassung und des Überlebenswillens im immerwährenden Kampf gegen extreme Umweltbedingungen.

Solche Pflanzengestalten sind auch im eigenen Garten zu erzielen. Ein Trog, doch auch eine winterfeste Schale, ist hierzu der Rahmen. Ein geeignetes Substrat ist Erde A; aber auch TKS, vermischt mit Sand, kann mit gutem Erfolg verwendet werden. Wichtig ist wiederum eine Pflanzerde auf Torfbasis; sie braucht dann über Jahre hinaus nicht erneuert zu werden. Wenn nun auch noch für eine gute Dränage gesorgt ist, wird ein nicht so stark wachsendes Gehölz, z.B. eine kleinbleibende Konifere, in den Trog gepflanzt. Das Bäumchen sollte nie zu trocken stehen; dies gilt besonders für sehr kleine Tröge oder flache Schalen. Ausreichende Feuchtigkeit ist wichtiger als Düngung. Erst nach zwei bis drei Jahren braucht nachgedüngt zu werden. Man sieht den Pflanzen auch an, wenn sie eine Düngung nötig haben. Was in den Bergen von den Tieren besorgt wird, das Stutzen und Kleinhalten, leistet im Garten die Schere. Schon frühzeitig werden die Bäumchen beschnitten. In erster Linie entfernt man die senkrecht aufstrebenden Spitzentriebe, damit die Pflanzen einen möglichst unregelmäßigen, niedrigen Wuchs erhalten, der durch weiteres Ausschneiden unterstützt wird. Der Hauptschnitt kann im zeitigen Frühjahr vorgenommen werden, vor dem Austreiben. Doch kann auch immer dann geschnitten werden, wenn ein Trieb störend wirkt, ungeachtet der Jahreszeit.

g Balkonkästen, Kübel und Schalen

Alpine Miniaturgärten in Gefäßen verlangen etwas mehr, aber keine grundsätzlich andere Pflege als die „großen" Miniaturgärten, mit denen sie ja auch in Aufbau und Bepflanzung übereinstimmen – zwei Punkte, die hier noch kurz zu behandeln sind. Selbstverständlich ist auch bei Gefäßen ein guter Wasserabzug vonnöten. Man erweitert die Abflußlöcher und bringt eine 3–5 cm hohe Dränschicht ein, vorzugsweise aus Styromull oder Perlite, weil diese Stoffe die Kästen, Kübel und Schalen nicht so schwer werden lassen; Kies oder Blähton ist aber genauso zu gebrauchen. Das Material sollte nur nicht zu fein sein. Darüber kommt die Pflanzerde A. Beim Pflanzen beginnt man wie üblich mit den größeren Exemplaren, meist mit ein bis zwei Zwergnadelgehölzen, und setzt die kleineren Polsterpflanzen dazwischen; zwei oder drei besondere Steine können das Gesamtbild noch ausdrucksvoller machen.

Die Pflanzen in solchen Gefäßen haben sorgfältiges Gießen nötig; denn Kästen, Kübel und Schalen trocknen leichter aus als Tröge und Tischgärten. Wenn sie der prallen Sonne ausgesetzt sind, muß öfter für ausreichende Feuchtigkeit gesorgt werden. Mit Gebirgspflanzen dauerhaft bepflanzte Gefäße können eher etwas trockener stehen als zu feucht, besonders, wenn die Pflanzen gut eingewachsen sind. Doch ganz ohne Wasser geht jedes Gewächs ein. Regelmäßiges, leichtes Über-

(21) Tonschale, winterfest bepflanzt (Variante zum Beispiel Seite 135 unten): Eindeutig dominiert ein malerisch gewachsenes Exemplar des Blauzederwacholders (Juniperus squamata 'Blue Star'). Zu seinen Füßen ein besonderer Blickfang, die prächtige Rosette von Sempervivum 'Commander Hay'. Am Rand Leimkraut (Silene acaulis 'Floribunda'), Fels-Sonnenröschen (Helianthemum scardicum) und Felsmiere (Minuartia graminifolia). Auf einem Stück Stammholz wird die Schale dem Betrachter näher gebracht. (22) Felsgarten aus lauter Kalkknollensteinen, vor wirkungsvoller Kulisse am Rand einer Rasenfläche aufgebaut.

21

22

brausen ist von großem Vorteil, wie auf Seite 61 ausführlich begründet. Wer im Sommer für eine längere Zeit in Urlaub fährt, kann sich leicht helfen; man stellt die Gefäße einfach solange an einen etwas windgeschützten, schattigen Platz.

Vor dem Winter sollten die Pflanzen noch einmal ordentlich gegossen werden, damit sie in den nächsten Monaten nicht trocken stehen; es ist ratsam, sich davon zu überzeugen, daß der Abfluß überflüssigen Wassers richtig funktioniert. Stauende Nässe bedeutet gerade während dieser Ruhezeit für viele Gebirgspflanzen den sicheren Tod. Gegen pralle Wintersonne schützt man sie durch Abdecken mit einigen Tannenzweigen. Beschattung und Schutz vor austrocknenden Winden gewähren kurze Zweige, die man zwischen die Bepflanzung steckt.

Wie zuvor angedeutet (Seite 62), wird nach einiger Zeit der Nährstoffvorrat der Pflanzerde aufgebraucht sein. Zwar enthält die Pflanzerde A für einen längeren Zeitraum genügend Vorrat an Mikronährstoffen, doch die Hauptnährstoffe verbrauchen sich in kleineren Gefäßen schneller. Deshalb wird nach dem ersten Jahr im Frühjahr flüssig gedüngt. 1–2 g eines wasserlöslichen Volldüngers auf 1 l Wasser ist dazu gut geeignet. (Siehe Kapitel „Düngung".) Die Düngung wird im Rhythmus von 14 Tagen bis 3 Wochen das ganze Frühjahr hindurch vorgenommen. Mit Beginn des Sommers (Anfang Juni) wird nicht mehr gedüngt, damit die Pflanzen bis zum Spätherbst Zeit haben, genügend auszureifen, um der winterlichen Unbill zu trotzen.

Eine alpin bepflanzte Schale wirkt sehr dekorativ

Auswahl der Pflanzen

1 Kriterien und Orientierungshilfen

Die Auswahl an Alpen- und Gebirgspflanzen ist so groß, daß zumal ein Anfänger auf diesem Gebiet nicht immer entscheiden kann, was für seinen Zweck das beste ist. Vornehmlich für ihn sind die an die Pflanzenbeschreibungen anschließenden Suchlisten (Seite 127) gedacht; sie sollen ihn auf die richtige Spur führen und ihn zur selbständigen, schöpferischen Zusammenstellung seines Sortiments für sein Miniaturgärtchen ermutigen.

Dabei ist es eine große Hilfe, daß noch vor den wichtigen Auswahlkriterien „Zweck" und „Standort" die Frage rangiert: um welchen Typ Miniaturgarten handelt es sich? Denn für Fels- und Tischgärten, Wallgärten und Hochbeete scheiden vernünftigerweise alle diejenigen Kleingehölze aus, die, wie auf Seite 64 erklärt, mit der Zeit den Rahmen dieser Gärten sprengen könnten. Ebenfalls durch den Typ wird die Staudenauswahl eingegrenzt; als Richtschnur, nicht als unerbittliches Stilgesetz, mag gelten: Felsgärten (Kleinalpinen), Tischgärten, Wälle und Hochbeete sowie Knollensteine verlangen eine alpine Bepflanzung, Steingärten eine dekorative; die Wahl zwischen diesen Möglichkeiten lassen also Tröge, Kästen, Kübel und Schalen. Die Entscheidung sollte klar sein, denn für die dekorative Bepflanzung steht ein anderes Sortiment zur Verfügung als für die alpine (nicht zu reden vom Spezialsortiment für eine interessante Sammlung). Dem trägt dieses Buch durch die Aufteilung in Steingartenstauden und Gebirgspflanzen Rechnung, wobei als zugestanden gilt, daß die Grenze nicht scharf zu ziehen ist und „Grenzübertritte" erlaubt sind.

Offene Grenzen sollten auch die Neuheiten finden, die von Jahr zu Jahr die Auswahl vergrößern. Sie haben – ob neu eingeführte Wildformen oder neu geschaffene Auslesen und Züchtungen – gerade bei den Gebirgspflanzen eine große Berechtigung. Mancher Pflanzenliebhaber ist zwar der Ansicht, daß nur ausgesprochene Wildarten zu seiner Sammlung gehören dürfen; macht er daraus gar ein Prinzip, dann wird er niemals die ganze Fülle und Schönheit der blühenden Bergwelt in seinen Garten übertragen können. Manche hochalpinen Pflanzen, deren Blütenreichtum und Farbkraft in den Bergen das Herz der Wanderer höher schlagen lassen, erscheinen im Garten verarmt und verblaßt. Erst durch blühwillige und wuchsfreudige Auslesen und Züchtungen werden sie gartenstet gemacht. Nur ein Beispiel: das Alpenleimkraut *(Silene acaulis)*, im Gebirge üppig mit Blüten geschmückt, bringt es im Garten nur zu einem grünen, dichten Polster mit ein oder zwei Blüten; seine Gartenform *S. acaulis* 'Floribunda' dagegen ist auch im Tiefland über und über mit roten Blüten bedeckt.

Wichtig ist das Studium der Pflanzenkataloge von Baumschulen und Staudengärtnereien. Hier findet besonders der Neuling eine genügend große Auswahl. Seltenere Pflanzen für den anspruchsvoller gewordenen Fortgeschrittenen erhält man am ehesten bei Spezialbetrieben; einige davon sind im Bezugsquellenverzeichnis genannt. Es lohnt sich, bei anerkannten BdB-Markenbaumschulen (BdB = Bund deutscher Baumschulen) und BdS-Staudengärtnereien (BdS = Bund deutscher Staudengärtner) zu bestellen und zu kaufen; man kann dann sicher sein, eine einwandfreie Ware zu bekommen.

Kenntnisse lassen sich vertiefen und manche Probleme lösen, wenn man sich mit einem gleichinteressierten Nachbarn unterhält oder den Rat des Fachmanns in einer Spezialgärtnerei oder im botanischen Garten einholt. Auch Literatur steht zur Verfügung; einige empfehlenswerte Bücher, die sich speziell mit Stauden, Steingartenpflanzen und Alpinen befassen, sind im Literaturverzeichnis aufgeführt.

Wer das Sammeln und Pflegen von Gebirgspflanzen als Liebhaber betreibt, wird von der Mitgliedschaft in einer entsprechenden Pflanzengesellschaft profitieren. Auf dem Gebiet der Stauden, Alpen-und Gebirgspflanzen ist es die „Gesellschaft der Staudenfreunde“ mit Sitz in Leonberg, eine sehr rührige Vereinigung mit großer Samentauschaktion im Winter und guten Veröffentlichungen über Stauden, Steingarten- und Alpenpflanzen. Die Gelegenheit zum Tausch bieten auch manche Gartenzeitschriften. Für den englischsprechenden Liebhaber ist „The Alpine Garden Society“, London, oder „The Scottish Rock Garden Club“ in Edinburgh sehr zu empfehlen. Die Samenlisten beider sind wahre Fundgruben für Alpinen-Sammler. Auch in Frankreich und in Amerika bestehen Alpenpflanzengesellschaften.

2 Beschreibung der Arten und Sorten

Das im folgenden vorzustellende Sortiment erhebt keinen Anspruch auf Vollständigkeit und strebt diese auch nicht an. Die Absicht ist vielmehr, dem Leser eine Auswahl anzubieten, an der er sich zuverlässig orientieren kann, ohne gegängelt zu werden. So enthält sie auch weniger bekannte, stets aber bewährte Pflanzen für Miniaturgärten, und sie ist breit genug angelegt, um bei der endgültigen Entscheidung dem persönlichen Geschmack noch Spielraum zu lassen.

(23) Tröge wirken besonders gut vor einem ruhigen Hintergrund (Hainbuchenhecke) und entlang einem Plattenweg. Beide Tröge sind überhangen, hauptsächlich von Wacholder (Juniperus horizontalis 'Glauca'), hinten von Lotwurz (Onosma albo-roseum). Unter den Trögen breitet sich das Sternmoos (Sagina subulata) aus. (24) Sempervivum 'Othello' zwischen Steinen und neben einem Zwerg-Blauzederwacholder (Juniperus squamata 'Blue Star'). (25) Geranium subcaulescens 'Splendens'. Die lange Blühdauer und die leuchtende Farbe der Blüten machen dieses Felsgeranium wertvoll für die alpine Bepflanzung.

23

24

25

a Zwergnadelgehölze

Es empfiehlt sich, die Auswahl eingedenk der Warnung vor zu groß werdenden Pflanzen vorzunehmen (s. Seite 64). Sofern nichts anderes angegeben, sind die aufgeführten Arten und Sorten mit Erde A zufrieden.

Abies, Tanne

Von der tiefgrünen Balsamtanne aus den White Mountains der USA eignet sich die Zwergform *A. balsamea* 'Nana' sehr gut für alpine Miniaturgärten. Sie wächst langsam und hat einen dichten, kugeligen Wuchs mit schöner dunkelgrüner Benadelung. Die Zwergform der Koloradotanne, *A. concolor* 'Compacta', hat blaubereifte Nadeln und einen unregelmäßig gedrungenen Wuchs. Für alpine Miniaturgärten kann sie mit der Zeit leicht zu groß werden, doch ist sie gut geeignet für Tröge und Kübel. Ebenfalls zur Trogbepflanzung taugt die Zwergform der Koreatanne, *A. koreana* 'Compact Dwarf'. Sie wächst langsam und hat dunkelgrüne Nadeln. *A. lasiocarpa* var. *arizonica* ist die niedrigbleibende Form der Arizona-Korktanne, welche ebenfalls gut zur Trogbepflanzung verwendet werden kann, zumal sie in der Jugend langsam wächst. Sie ist kegelförmig und trägt eine schöne blaue Benadelung. Bei dieser Sorte sollte rechtzeitig der Mitteltrieb entfernt werden, damit die Pflanze immer schön gedrungen bleibt.

Cedrus, Zeder

Unter den vielen Zedernarten gibt es kaum eine Form, die wirklich zwergig im Wuchs ist, sich also für ein alpines Miniaturgärtchen eignen würde. Für die Bepflanzung eines Troggartens jedoch gibt es bereits eine Alternative: entweder die langsam und dicht wachsende Zypernzeder, *C. brevifolia*, die allerdings von Anfang an durch Schnitt noch gedrungener gehalten werden sollte, oder *C. libani* 'Sargenti', die langsamwachsende Zwergform der Libanonzeder. Für eine Trogpflanzung sollten, wenn möglich, nur Pflanzen verwendet werden, die aus Stecklingen gezogen wurden. Veredelungen werden höher im Wuchs. Stecklingspflanzen, an den Rand eines Troges gepflanzt, hängen sehr schön über den Rand.

Chamaecyparis, Scheinzypresse

Von den Scheinzypressen gibt es eine ganze Anzahl niedriger Formen, die sich alle gut für eine Pflanzung in Kübeln oder auch in einem großen Trog eignen; aus ihrer Fülle seien nur einige hervorgehoben. Mit Abstand die schönste Zwergform ist die sehr bekannte und weit verbreitete *C. obtusa* 'Nana Gracilis', die japanische Zwergzypresse. Sie wächst sehr langsam, hat einen dichten, leicht kegelförmigen Wuchs und muschelförmig gedrehte Zweige; durch Beschneiden kann sie gut noch kleiner gehalten werden. Wirklich klein bleibt auch *C. pisifera* 'Plumosa Compressa', ein sehr langsam, ganz dicht wachsender Zwerg von unregelmäßigem, kugeligem Aussehen. Die Benadelung ist gelblichgrün. Leider bekommt diese Sorte bei zu starker Sonneneinstrahlung vereinzelt braune Stellen, so daß es besser ist, sie etwas absonniger zu pflanzen. Wer auf einen mehr säulenförmigen Wuchs Wert legt, kann in einen Trog oder auch in einen Balkonkasten die feinnadelige, blaue *C. lawsoniana* 'Ellwoodii Pygmy' pflanzen. Sie darf jedoch nie zu trocken stehen und sollte eher einen leicht beschatteten Stand erhalten. Einen goldgelben Spitzkegel bildet *C. lawsoniana* 'Minima Aurea', kegelförmig ist *C. thyoi-*

des 'Andelyensis'; beide wachsen langsam und eignen sich für den Trog, in dem sich die letztgenannte Sorte noch zwergiger halten läßt.

Cryptomeria, Sicheltanne
Japanische Sicheltannen (C. *japonica*) bevorzugen einen etwas feuchten Standort und sollten besonders vor zu praller Wintersonne geschützt werden. Deshalb pflanzt man die für unsere Zwecke allein in Frage kommenden Kleinformen der Art am besten in einen schattig stehenden Trog oder an eine etwas feuchtere Stelle. Ein echter Zwerg ist 'Vilmoriniana', mit sehr dichtem, kugeligbuschigem Wuchs. Sie färbt sich im Winter intensiv braunrot und wird im Frühjahr wieder grün. 'Globosa Nana' hat einen niedrigen, dichten und buschigen Wuchs und eine eher hellgrüne Farbe. Beide eignen sich gut zur Bepflanzung eines alpinen Miniaturgartens. Die nicht so zwergigen, meist nur niedrigbleibenden Formen sollten hingegen mehr für Tröge und Kübel verwendet werden; dort kann man sie besser kleinhalten. Auch sie sollten etwas schattig stehen. 'Bandaisugi', eine unregelmäßige, dichte und mehr aufrechte Pflanzengestalt, und die kegelförmige 'Cristata' wachsen langsam. 'Kilmacurragh' besitzt einen unregelmäßigen, dichten, flachkugeligen Wuchs und wirkt sehr malerisch.

Ginkgo, Ginkgobaum
Obwohl der Ginkgobaum im Freien eine bemerkenswerte Höhe erreicht, eignet er sich sehr gut als Kübelpflanze. Der Ginkgo *(Ginkgo biloba)*, der aus der Vorzeit unserer Erde stammt, hat eine interessante Blattform und verliert über Winter sein Laub. In Japan wird er gern als Bonsai-Baum verwendet; er kann also durch eine entsprechende Behandlung und Pflege auch im Trog klein und gedrungen gehalten werden.

Juniperus, Wacholder
Zusammen mit den Kiefern bilden die Wacholder das Grundgerüst der immergrünen Bepflanzung alpiner Miniaturgärten. Eine der besten Zwergformen für Tröge, Tischgärten, Felsgärten und Hochbeete ist *J. communis* 'Compressa'. Dieser sehr langsam wachsende Zwerg-Säulenwacholder ist mit seinem dichten, spindelförmigen aufrechten Wuchs ein wirkungsvolles Schmuckstück eines jeden Miniaturgartens oder Troges; einzeln oder auch in Gruppen gepflanzt, gibt er einer alpinen Anlage die besondere Note. Die „Unart", im Winter einmal einzelne braune Triebe zu bekommen, sieht man diesen zwergigen Gestalten gerne nach. Vom Blauzederwacholder, *J. squamata*, stehen vier Sorten zur Wahl, allen voran die intensiv blaue, niedrige 'Blue Star' mit dichtem, kugeligem Wuchs; ältere, weniger dicht gewachsene Exemplare dieser Form haben eine herrliche, malerische Gestalt, ähnlich japanischen Bonsai-Bäumchen. Das unübertreffliche Blau dieser Sorte wird von der mehr flach wachsenden 'Blue Carpet' nicht ganz erreicht, erst recht nicht von 'Loderi', einer blaugrauen, niedrigen, dichten Zwergform mit aufrechtem, etwas säulenförmigem Wuchs, oder von der niedrigbleibenden 'Pygmaea'. Der beste niederliegende Zwergwacholder ist jedoch *J. horizontalis* 'Glauca'. Dieser blaue Kriechwacholder legt sich ganz flach über den Rand eines Troges oder überwächst die Steine eines alpinen Felsgartens. Die Pflanze kann ohne Bedenken zurückgeschnitten werden, falls sie einmal zu üppig werden sollte. *J. chinensis* 'Blaauw's Varietät', die sich für

Tröge sowie für Balkonkasten eignet, hat einen sehr dichten, unregelmäßigen, aufrechten Wuchs; die Farbe geht ins Blaugrüne. Einen gelben Farbton bringt die langsamwachsende *J. communis* 'Depressa Aurea' in eine Pflanzung; sie ist dicht und breitbuschig.

Larix, Lärche
Obschon Lärchen eine ganz stattliche Höhe erreichen, verwendet man in Japan die Art *L. kaempferi* (syn. *leptolepis*) gern als Bonsai-Bäumchen. Sie kann in einem Trog oder einer großen Schale besonders gut kleingehalten werden, ebenso ihre hängende Form 'Pendula', die nicht ganz so stark wächst.

Picea, Fichte
Fichten mit niedrigem Wuchs gibt es viele, darunter auch einige echte Zwerge. Fast alle gedrungen und niedrig wachsenden Formen eignen sich gut zur Pflanzung in Trögen und können darin ausgesprochen klein gehalten werden. Durch wirklich langsames Wachstum und echte Zwerggestalt zeichnet sich *P. glauca* 'Laurin' aus, die Zwergzuckerhutfichte. Diese erst in den Nachkriegsjahren entstandene Form erreicht in etwa 10–15 Jahren nur 20–30 cm Höhe; etwa 1–1,5 cm Zuwachs im Jahr machen sie zu einem der besten Zwerggehölze eines alpinen Miniaturgartens. Der Wuchs ist dicht, und die gleichmäßige, zuckerhutartige Gestalt sieht aus, als sei sie in diese Form geschnitten worden. Ein breites, flachkugeliges Gegenstück ist die Zwerg-Blauigelfichte, *P. glauca* 'Echiniformis'; dem dichten, etwas kissenförmigen Wuchs und der bläulichen Farbe verdankt diese wirkliche Zwergform ihre hervorragende Eignung für einen alpinen Miniaturgarten. Grüne Nadeln hat die langsam und zwergig wachsende *P. abies* 'Echiniformis'; ihr Wuchs ist sehr dicht und unregelmäßig kugelig. *P. abies* 'Gregoryana' hat fast denselben Wuchs, jedoch etwas kürzere Nadeln. Zierlich sind diese bei der niedrigen, runden Zwergform der Zuckerhutfichte, *P. glauca* 'Alberta Globe'. Auch sie wächst langsam und bleibt nieder und kugelig. Weniger kugelig, dafür etwas breitbuschig und rundlich wächst die Zwergform der Schwarzfichte, *P. mariana* 'Nana'. Ihr unregelmäßiger, niedriger und dazu noch langsamer Wuchs machen diese Fichte mit ihrer blaugrauen Benadelung zu einer guten Zwergkonifere für Miniaturfelsgärten, Tröge und Tischgärten. Schön intensiv blau ist die Zwergform der Stechfichte, *P. pungens* 'Glauca Globosa'. Weil sie mit den Jahren zu groß wer-

(26) Sandsteintrog vor Staudenrabatte, robust bepflanzt: Thymus praecox var. pseudolanuginosus (Thymian), den Rand überwallend, daneben mit blaugrauem Polster Dianthus gratianopolitanus (Felsnelke), dazu einige Sempervivum- und Rosettensteinbrech-Formen. (27) Herrliche Blütenrispen trägt die Steinbrechsorte Saxifraga cotyledon 'Southside Seedling'. Zu Beginn der Blüte sind die einzelnen Blütchen an der Basis kräftig rot. (28) Blühende Saxifraga longifolia. Leider stirbt der Königssteinbrech, ohne Nebenrosetten entwickelt zu haben, nach der Blüte ab; Nachzucht ist nur durch reinen Samen möglich.

26

27

28

den könnte, eignet sie sich besser für einen Trog oder ein sonstiges Pflanzgefäß. Der Wuchs ist niedrig und dicht. Sehr zierliche, frischgrüne Nadeln hat die Zwergform der Kaukasusfichte, *P. orientalis* 'Gracilis'; sie muß, wenn sie ihren wirklichen, kompakten Wuchs erlangen soll, in einem Trog mager gehalten werden. Auch von der bekannten Serbischen Fichte gibt es eine gute Zwergform, *P. omorika* 'Nana'; ihre dichte, aufrechte Gestalt paßt gut in einen größeren Trog. Die Form *P. omorika* 'Frohnleiten' hat im Gegensatz zur vorigen keinen Mitteltrieb und wächst unregelmäßig gedrungen. Einen besonders malerischen Anblick bietet in einem größeren Trog *P. abies* 'Inversa', die Hängefichte, deren Zweige sehr dekorativ überhängen können.

Pinus, Kiefer

Neben Zwergfichten und -wacholder sind es vor allen die Zwergkiefern, die sich ganz besonders gut zur Gestaltung alpiner Miniaturgärten eignen. Sie sind ja auch in unseren Bergen die typischen, vielfach bizarren Pflanzengestalten, die auch noch in großen Höhen den Unbilden der Witterung trotzen. Es gibt sehr viel niedrigwachsende Formen der Kiefern, doch nur einige wenige, die wirklich ganz langsam wachsen und zwergig bleiben. Deshalb sollten gerade die Zwergkiefern immer wieder geschnitten und ausgebrochen werden, um die Pflanzen klein und gedrungen zu halten (s. Seite 66).

Auch die typische Zwergform der Latschenkiefer, *P. mugo* ssp. *pumilio*, bleibt zwar sehr niedrig, wächst mit der Zeit aber beträchtlich in die Breite und muß daher immer wieder etwas kurzgehalten werden. Eine sehr langsam wachsende, echte Zwergform von eher kugeliger Gestalt ist die sattgrüne *P. mugo* 'Mops'. Mit diesen Eigenschaften ist sie für alle Arten von alpinen Miniaturgärten geeignet; im Trog jedoch entfaltet sie ganz besonders gut ihren zwergigen Wuchscharakter. Beachtenswerte Formen von *P. mugo* sind 'Humpy' und 'Slavinii', beide ausgesprochen klein und zwergig bleibend, doch leider noch schwer erhältlich. 'Humpy' entwickelt überaus gemächlich die etwas unregelmäßige Gestalt, 'Slavinii' wächst gedrungener und dichtbuschig. Erst in den letzten Jahren aus einem Hexenbesen entstanden ist die sehr schöne Zwergform *P. sylvestris* 'Perkeo'. Sie bleibt niedrig und hat einen buschigen, sehr dicht verzweigten Wuchs. Eine ebenfalls sehr gute und langsam wachsende Zwergform, die sich ausgezeichnet für alpine Miniaturgärten eignet, ist *P. sylvestris* 'Beuvronensis'.

Die meisten der nur niedrig und nicht zwergig bleibenden Kiefernformen eignen sich allerdings weniger für alpine Miniaturgärten. Doch sind sie so interessant, daß es sich lohnt, diese Kiefern in Tröge oder andere Pflanzgefäße zu pflanzen. Wer sich die geringe Mühe macht, die Formen durch eine entsprechende Behandlung klein zu halten, der wird sich so recht an den malerischen Pflanzengestalten erfreuen können, seien diese nun in einen Trog, eine größere Schale oder gar in einen Balkonkasten gepflanzt.

P. pumila, eine Zwergkriechkiefer, bleibt zwar sehr niedrig, kann jedoch im Miniaturgarten leicht zu breit werden. Zur Trogbepflanzung dagegen ist diese Art gut geeignet, besonders aber auch ihre blaue Zwergform 'Glauca', die gerade in einem Trog sehr malerisch wächst, ähnlich den japanischen Bonsais. *P. leucodermis* 'Compact Gem', die Zwergform der Schlangenhautkiefer, hat dunkelgrüne

Nadeln und einen gedrungenen, langsamen Wuchs. Die Zwergform der Weymouthskiefer, *P. strobus* 'Nana', mit langen, weichen, graublauen Nadeln, wächst langsam und dichtgedrungen. *P. cembra* 'Nana' ist nur in einem Trog oder einem anderen Pflanzgefäß wirklich klein zu halten. Sie ist eine langsam und sehr dicht wachsende Form der Zirbelkiefer oder Arve unserer Gebirge. *P. cembra* 'Pygmaea' besitzt einen unregelmäßigen, niedrigen Wuchs ganz ohne Mitteltrieb. Von der Japanischen Rotkiefer eignet sich die langsam und schön wachsende *P. densiflora* 'Umbraculifera' ebenfalls zur Pflanzung in einem Trog, wo sie mit ihrem flachen, etwas schirmförmigen Wuchs einen malerischen Anblick bietet. *P. parviflora* 'Glauca' wird in Japan viel als Bonsai-Bäumchen verwendet. Wenn sie in einen Trog oder auch in einen Balkonkasten gepflanzt wird, kann sie klein gehalten werden. Sie wächst langsam, aufrecht und wird nie breit; deshalb kann das anmutige Bäumchen auch für einen nicht zu kleinen alpinen Miniaturgarten empfohlen werden.

Pseudotsuga, Douglasie
Die Zwergdouglasfichte, *P. menziesii* 'Fletcheri', ist eine langsamwachsende blaugrüne, etwas breit lagernde Zwergform mit langen, dunkelgrünen Nadeln. Sie eignet sich sehr gut zur Bepflanzung eines Troges, wo sie noch gedrungener bleibt.

Taxus, Eibe
Eiben wollen nicht zu heiß und nie ganz trocken stehen, deshalb eignen sich gerade sie besonders gut für beschattete, etwas feuchtere Stellen. Alle *Taxus*-Arten vertragen einen sehr starken Rückschnitt. So können auch stärker wachsende Formen gut im Zaum gehalten werden.
Am langsamsten entwickelt *T. cuspidata* 'Nana' ihre niedrige, dichte und unregelmäßige Gestalt. Mit ihren intensiv dunkelgrünen Nadeln und dem malerischen, dichten Wuchs paßt sie sehr gut in den alpinen Miniaturgarten oder Trog. Die langsamwachsende Säuleneibe *T. baccata* 'Fastigiata' hat einen sehr schmalen, säulenförmigen Wuchs, und die Spitzentriebe können immer gut zurückgeschnitten werden, um die Pflanze dadurch niedriger zu halten. Bei *T. baccata* 'Fastigiata Aurea' sind die jungen Triebe goldgelb; sonst besitzt diese Säulenform die gleichen Wuchseigenschaften der dunkelgrünen Säuleneibe.

Thuja, Lebensbaum
Von den vielen Formen des Lebensbaumes kommen besonders zwei Sorten von *Th. orientalis* für Miniaturgarten und Trog in Frage. Beide wachsen sehr langsam und dicht. Die gelblichgrüne 'Aurea Nana' bildet eine gleichmäßig eiförmige, straffe Gestalt; 'Rosedalis Compacta' hat dagegen einen weicheren, unregelmäßigeren Wuchs. Diese wunderschöne Zwergpflanze schimmert golden während des Austriebs im Frühjahr, im Sommer ist sie grün und färbt sich im Winter purpurfarben.

Thujopsis, Hiba-Lebensbaum
Die Zwergform des Hiba-Lebensbaumes, *Th. dolabrata* 'Nana', soll möglichst nicht an einen trockenen Platz kommen; ein beschatteter, etwas feuchter Stand sagt ihr eher zu. Sie wächst dichtbuschig und bleibt sehr niedrig. Charakteristisch sind die etwas schuppenförmigen, frischgrünen Nadeln und die sehr feingliedrigen Zweige.

Tsuga, Hemlocktanne

Auch die Hemlocktanne steht besser an halbschattiger Stelle oder in einem schattigen Trog. *T. canadensis* Nana' ist eine niedrige, kissenartige Zwergform mit frischgrünem Aussehen. Meist wird hierfür jedoch *T. canadensis* 'Jeddeloh' angeboten, deren Wuchs fast gleich niedrig, doch mehr halbkugelig ist und eine etwas trichterförmige Mitte hat. *T. canadensis* 'Pendula' ist eine wunderschöne, malerisch überhängende Zwergform mit ganz dichtem Wuchs.

b Zwerglaubgehölze

Für alpin gestaltete Miniaturgärten kommen ausschließlich die klein und zwergig bleibenden Laubgehölze in Betracht (s. auch Seite 64); mit dem interessanten Wuchs und ihrer ganzen Blütenfülle sind sie dort unentbehrlich. Fast alle gedeihen in Pflanzerde A; davon abweichende Bodenansprüche sind jeweils vermerkt. Eine Reihe von Halbsträuchern ist in den Beschreibungen nicht enthalten – sie werden bei den Steingartenstauden und Gebirgspflanzen behandelt. Alpenrosen, Zwerg-Rhododendren und einige „Moorbeetpflanzen" mit ähnlichen Bodenansprüchen werden getrennt aufgeführt (Seite 84).

Acer, Ahorn

Von den vielen Ahornsorten bleibt nur der langsamwachsende Japanische Zwerg-Goldahorn, *A. japonicum* 'Aureum', in einem alpin bepflanzten Trog klein und zwergig. Dieser Ahorn hat schönes goldgelbes Laub und wächst sehr malerisch.

Cotoneaster, Zwergmispel

Die verschiedenen immergrünen niedrigen Formen der Zwergmispel sind aus alpinen Miniaturgärten gar nicht mehr wegzudenken. Im Frühjahr übersät mit weißem oder zartrosa Blütenflor, ziert im Herbst ein reicher, roter Beerenschmuck die Pflanzen. An den Rand eines Troges oder Tischgartens gepflanzt, wallen die Zwergmispeln, eng an den Stein geschmiegt, darüber hinab. Die langsamwachsende Form *C. dammeri* 'Streibs Findling' eignet sich besonders gut zu solch einer Pflanzung. Sie legt sich dicht an den Stein an, hat kleine, immergrüne Blättchen und verhältnismäßig große Blüten im Frühjahr. Ähnlich, auch sehr reichblühend, ist die Art *C. congestus* aus dem Himalaja. Im Herbst ist diese immergrüne Zwergmispel übersät mit hellroten Beeren. Von der allbekannten, großblättrigen und bodenbedeckenden Art *C. dammeri* gibt es seit kurzem eine sehr dicht und langsam wachsende Sorte 'Pforzheim'.

(29) Delosperma cooperi, die winterharte Mittagsblume, dankt verständige Behandlung mit reichem Flor. (30) Igelpolster (Acantholimon graminifolium), ideal für den Trog in voller Sonne. (31) Der Gletscherhahnenfuß (Ranunculus glacialis) liebt enge Felsspalten und schotterige Erde. (32) Die gestielten Blüten der Büschelglocke (Edraianthus tenuifolius) lehnen sich eng an das Gestein. (33) Lewisia cotyledon 'Sunset Strain'. Schutz vor Winternässe! (34) Felsnelken sind eine Zier für jedes Felsgärtchen. Über dichten Polstern erheben sich die großen Blüten von Dianthus gracilis in reicher Fülle.

29

30

31

32

33

34

Sie eignet sich sehr gut zur Bildung immergrüner Matten in alpinen Miniaturgärten.

Cytisus, Geißklee, „Ginster"

Der Geißklee – einige seiner Arten werden allgemein, wenn auch botanisch nicht korrekt, „Ginster" genannt – liefert in Gestalt der sogenannten Zwergginster wahre Schmuckstücke für den alpinen Miniaturgarten. Die niederste, ganz flach über den Boden sich ausbreitende Art ist *C. decumbens*, auf deren goldgelbe Blütenfülle (Mai/Juni) man nicht verzichten mag. *C. ardoini*, der Zwergginster der Seealpen, dehnt sich nicht ganz so breit aus. Der zwergige Wuchs ist etwas aufrecht; die ganze Pflanze bleibt kompakter und hat ebenfalls goldgelbe Blüten (April/Mai) . Für einen Trog ist auch *C. kewensis*, der Zwerg-Elfenbeinginster, geeignet. Er hat einen niedrigbuschigen Wuchs, und die leicht überhängenden Zweige sind im April bis Mai mit hell cremegelben Blüten übersät.

Daphne, Seidelbast

Die alpinen Ausgaben unseres Seidelbastes sind ein Kleinod einer jeden alpinen Anlage. Wenn im Mai die meist rosaroten Blüten ihren herrlichen Duft verströmen, schlägt das Herz eines jeden Alpenpflanzenfreundes höher. Alle alpinen *Daphne*-Arten sollten zur Pflanzerde A einen Zuschlag von etwas grobem Geröll erhalten und benötigen eine sehr gute Dränage. Perlite, feiner Bimskies oder gemahlener Blähton müssen der Pflanzerde beigemischt werden, so daß ein grobes, lockeres und luftiges Pflanzsubstrat entsteht.
Vom Rosmarin-Seidelbast, *D. cneorum*, dem Steinrösl unserer Alpen, gibt es eine ganze Reihe verschiedener Formen, die für den Sammler und Liebhaber sehr brauchbar sind. Dem Anfänger kann neben der Art *D. cneorum* besonders deren etwas robuster wachsende Sorte 'Major' empfohlen werden. Sie wächst dichtbuschig, bleibt niedrig und ist im Mai mit rosaroten, duftenden Blüten übersät. Einen ganz niedrigen, dichten Wuchs hat *D. arbuscula* aus der Hohen Tatra. Der dunkelgrüne, dichte Polsterbusch schmückt sich im Mai bis Juni mit rosalila Blüten.
Mehr buschig und kompakt, jedoch immer noch niedrigbleibend und immergrün sind *D. sericea* mit karminrosa Blüten und *D. collina* in mehr reinrosa Farbe. *D. napolitana*, ebenfalls buschig wachsend, hat tief purpurrosa Blüten; die langsamwachsende *D. glandulosa* blüht karminrosa und ist ebenfalls niedrigbuschig, ähnlich wie *D. oleoides*.
Für den Liebhaber gibt es noch eine ganze Reihe verschiedener Zwergformen; alle gedeihen in einer gut durchlüfteten, lockeren Pflanzerde A. Ausgesprochene Felsbesiedler wie *D. petraea* kommen in Pflanzerde F, der reichlich Perlite oder Bimskies zugesetzt wurde, meist besser voran.

Erica, Heide

E. herbacea (syn. *E. carnea*) , die Schneeheide, sollte ebenfalls in keinem alpinen Felsgarten fehlen. Durch die frühe Blüte vermittelt sie zwischen Winter und Frühjahr. Wenn sie nur genügend durchlüfteten, humosen Boden hat und nicht zu trokken steht, gedeiht sie gut an allen Stellen. Stehende Nässe im Winter kann sie nicht vertragen. Meist ist dies der Grund, warum in Balkonkästen oder Trögen die Schneeheide über Winter eingeht.
Von *E. herbacea* gibt es viele Sorten. Die bekannteste ist die sehr früh blühende 'Winter Beauty'. Sie hat kräftig rosarote

Blüten. Schöne dunkel karminrote Blüten, dunkles Laub und einen schwächeren Wuchs besitzt die etwas später blühende Sorte 'Vivelli'. Auch alle anderen Sorten sind brauchbar; besonders erwähnenswert ist die weißblühende 'Springwood'.

Genista, Ginster

Die Vertreter dieser Gattung sind wirkliche Ginster, im Gegensatz zu einigen ebenfalls als „Ginster" bezeichneten *Cytisus*-Arten (s. dort) .

Die kleinste und zwergigste Art ist *G. villarsii*. Sie blüht goldgelb, und da sie langsam wächst, bleibt sie sehr klein. Deswegen eignet sie sich so richtig für den kleinsten Platz, sei es am Rande eines Troges oder zwischen den Steinen eines Felsgartens; auch in den Löchern eines Kalkknollensteines gedeiht sie gut.

Die Zwergform unseres einheimischen Flügelginsters, *G. sagittalis* var. *minor* (syn. *G. delphinensis*) , mit zwergigem, kriechendem Wuchs ist ebenfalls sehr zu empfehlen. Vom Sandginster, der für den Miniaturgarten zu breit wird, gibt es eine geeignete Zwergform, *G. pilosa* 'Nana'; diese bildet flache und dichte Polster und schmückt sich mit goldgelben Blüten im Mai. Von den etwas stärker wachsenden Arten eignen sich etliche zur Trogbepflanzung: *G. lydia*, ein goldgelber Zwergginster, blüht etwas später als die meisten Arten und hat einen überhängenden, rundlich buschigen Wuchs. *G. radiata*, der Strahlenginster, wächst niedrig und etwas sparrig, *G. horrida* dicht, dornig und kugelig. Alle diese Ginster wachsen leicht in Pflanzerde A an einem sonnigen Platz und vertragen auch Trockenheit, wenn die Pflanzen erst einmal eingewachsen sind.

Rhododendren siehe Seite 84.

Salix, Weide

Auch bei den Zwergweiden gibt es wiederum viele Formen, die zwar im normalen Steingarten sehr wirkungsvoll sein können, im alpinen Miniaturgarten aber schnell das Gesamtbild sprengen, da sie zu groß werden. Einen ausgesprochenen Zwergwuchs besitzt *S. serpyllifolia*, die zwischen Steinen auf schmalen Bändern mit ihren kleinen, rundlichen Blättern und der dichten Verzweigung einen grünen Rasenteppich bildet. Ebensogut geeignet ist *S. reticulata*, die Netzweide unserer Hochgebirge. Auch diese liegt am Boden oder überlagert mit ihren wirkungsvollen, größeren Blättern ganz dicht einen Felsblock. *S. retusa* spinnt ihre Zweige etwas weiter, läßt sie jedoch auch eng am Gestein anliegen. Zu breit kann *S. simulatrix* werden; diese Zwergweide aus dem Engadin sollte daher in einen Trog gepflanzt werden, über dessen Rand sie sehr anmutig herabhängt. Fast alle anderen Arten wachsen mehr buschig und aufrecht. So schön sie auch wirken, im alpinen Miniaturgarten werden sie leicht zu üppig.

Sorbus, Eberesche, Mehlbeere

Die Zwergeberesche, *S. reducta*, ist eine wirklich langsam wachsende und zwergige, dichtbuschige Art mit großen, weißen Blüten; im Herbst erscheint eine Menge tief dunkelrosa Beeren. Etwas für den, der das Besondere sucht.

Ulmus, Ulme

Auch unter den Ulmen gibt es eine Zwergform, die sich für eine alpine Bepflanzung eignet, *U. elegantissima* 'Jacqueline Hillier'. Sie zeichnet sich durch sehr langsamen, niedrigen Wuchs und interessante, malerische Wirkung aus und ist auch sehr leicht zu einem Bonsai zu erziehen.

Rhododendren

Vielfach entsteht bei Laien etwas Verwirrung, wenn die Namen Rhododendron, Alpenrosen und Azaleen in einem Atemzug genannt werden. Doch botanisch sind Alpenrosen und Azaleen als *Rhododendron* zu bezeichnen. Der deutsche Name dafür lautet „Alpenrose“; die Azaleen bilden nur eine Untergruppe der Rhododendren.

Rhododendren gehören zu den sogenannten Humus- oder Moorbeetpflanzen, sind etwas anders zu behandeln und zu pflanzen als die bisher besprochenen Gehölze. Im allgemeinen wollen sie einen mehr halbschattigen bis schattigen Pflanzplatz und einen frischen, keinesfalls zu trockenen Boden. Für sie verwendet man vorteilhaft die Pflanzerde M und macht die Pflanzstellen durch Beimischung von Perlite oder feinem Bimskies besonders gut luft- und wasserdurchlässig.

Für den Pflanzenliebhaber können unsere einheimischen Alpenrosen, *Rh. hirsutum*, der Almrausch, und *Rh. ferrugineum*, die echte Alpenrose, zur Pflanzung in einem alpinen Miniaturgarten empfohlen werden. Man sollte sich jedoch hüten, der oft gehörten Behauptung zu glauben, die Alpenrosen aus den Kalkalpen würden im Garten einen kalkhaltigen Boden vertragen. Im Gebirge wachsen Alpenrosen meist in starken Humusablagerungen, so daß die Pflanzen mit dem eigentlichen Kalkgestein kaum in Berührung kommen. Wenn sie nun im Garten einen sehr humosen, lockeren, gut durchlüfteten Boden bekommen, dann gedeihen fast alle Rhododendren auch in Böden, die nicht vollkommen kalkfrei sind. Im alpinen Miniaturgarten vor allen Dingen, der ganz mit Pflanzerde A aufgebaut wurde und bei dem die Pflanzstellen für Alpenrosen und Rhododendren aus Pflanzerde M bestehen, gibt es vom Boden her kaum einmal Schwierigkeiten. Wenn dazu noch beim Pflanzen um den Wurzelballen in 2–3 cm Stärke nasser, einfacher Torf gebracht wird, damit die feinen Faserwurzeln gleich aus dem Ballen herauswachsen, gedeihen alle Alpenrosen und Zwergrhododendren an etwas schattigen Stellen einer alpinen Anlage. Der Boden sollte immer frisch und locker sein; deshalb wird die Oberfläche um diese Pflanzen 2–3 cm hoch mit Torf abgedeckt.

Die wirkungsvollsten Alpenrosen sind die aus *Rh. multiflorum* entstandenen Sorten. Es sind dies reichblühende, niedrigbleibende, buschige Pflanzen, die im Mai mit Blüten übersät sind. Sie werden nur etwa 25–30 cm hoch. Diese japanischen Zwergalpenrosen werden unter der Bezeichnung „*Rh.*-Multiflorum-Hybriden“ zusammengefaßt und vielfach auch als „;Diamant-Azaleen“ oder „*Azalea aronensis*“ in Katalogen angeboten.

Es gibt eine Menge Farbsorten, und gerade sie sind im Garten der beste Ersatz für die weniger gut gedeihenden und dazu noch blühfaulen echten Alpenrosen. Einige gute Namenssorten sind: 'Alpengarten' (Blüten relativ groß, lachsrot) , 'Daga' (leuchtend karminrot) , 'Goldstadt' (groß, lachskarminrot) , 'Haruko' (halbgefüllt, lachsrot) , Hiroko' (leuchtend lilarot) , 'Momoko' (halbgefüllt, intensiv dunkellila) , 'Noriko' (halbgefüllt, dunkel karminrot) .

Neben diesen japanischen Zwergalpenrosen, die in jedem Frühjahr ein Schmuckstück für den alpinen Miniaturgarten oder schattigen Trog bilden, gibt es noch einige Arten und Sorten, die sich gut für unsere Zwecke eignen. Sehr niedrig bleibt die blaue Himalaja-Alpenrose, *Rh. impeditum*, die meist schon im April zur Blüte kommt. Von dieser Art gibt es eine großblumige, dunkellila Sorte mit sehr schönem, dichtem Wuchs und immergrünen, etwas glänzenden Blättern, 'Moerheimii'. *Rh. multiflorum* ist eine reizende, sehr niedrig und dicht bleibende Alpenrose mit kleinen Blättern und lilarosa Blütchen. Diese im Mai sehr reich blühende Art eignet sich sehr gut zur Pflanzung in einem schattigen Trog, ebenso die etwas weniger blühfreudige, niedrigwachsende Tibet-Alpenrose, *Rh. keleticum*, mit ihren purpurkarminroten Blüten. Einen ganz niedrigen, dichten und breiten Zwergwuchs besitzt das immergrüne *Rh. radicans*, das jedoch sehr blühfaul ist und kaum zur Blüte kommt. Am Fuße eines alpinen Felsgartens kann eventuell auch eine *Rh.*-Repens- Hybride gepflanzt werden. An diesem flachkugelig wachsenden Zwerg erscheinen schon früh im April/Mai die scharlachroten Blüten.

Die Zwergalpenrose unserer Alpen, *Rhodothamnus chamaecistus*, ist mehr für den Liebhaber geeignet. Sie sollte in absonniger Lage in Pflanzerde F stehen, der ziemlich viel Perlite oder Steingeröll, z.B. Bimskies, zugesetzt wurde. Ebenfalls nur für Liebhaber geeignet ist *Loiseleuria procumbens*, das Felsenröschen. Sein Wuchs ist kriechend und rasenbildend; seine fast aufsitzenden rosaroten Blüten erscheinen im Mai. In einem gut durchlässigen Boden aus Mischung M, Perlite, Sand oder Bimskies und in leicht halbschattiger Lage kommt es recht gut fort.

Zwischen Alpenrosen und Zwergrhododendren gedeiht als dichter Bodendecker die Scheinbeere, *Gaultheria procumbens*. Die Ansprüche an den Boden und den Standort sind die gleichen wie bei den Alpenrosen. Die Pflanze bildet mit ihren immergrünen, glänzenden Blättern ein dichtes, niederes Polster, das im Herbst mit roten Beeren übersät ist.

c Steingartenstauden für dekorative Pflanzungen

Die Auswahl enthält Arten und Sorten von Steingartenpflanzen, die sich für eine dekorative, winterharte Dauerbepflanzung von Balkonkästen, Terrassenbrüstungen und Gefäßen, z.T. auch von Trögen und Tischgärten, bewährt haben. Selbstverständlich eignet sich für diesen Zweck noch eine ganze Reihe winterharter Stauden. In Verbindung mit einigen zwergigen Nadel- oder Laubgehölzen lassen sich hiermit sehr wirkungsvolle Pflanzungen erzielen. Durchweg ist Erde A richtig.

Acaena, Stachelnüßchen
Stachelnüßchen sind robuste, ganz niedrig bleibende Polsterstauden, die, an den Rand eines Troges gepflanzt, diesen sehr schön überwachsen. Über den dichten, immergrünen Blattpolstern erheben sich im Spätsommer die sehr zierenden, etwas stachelig aussehenden Fruchtstände. Auch am Rande oder am Fuße eines alpinen Felsgartens sind sie brauchbar, um größere, dichte Matten zu bilden. Empfehlenswert ist *A. buchananii* mit bräunlichem Laub und die etwas zierlicher belaubte *A. microphylla*.

Alyssum, Steinkraut
Kräftige, gelbe Farbtupfer bringen im Frühjahr die Formen der bekannten Art *A. saxatile* in eine robuste Pflanzung. 'Compactum' bleibt niedrigbuschig; die gefüllten Blüten von 'Plenum' sind goldgelb, doch gibt es auch Farbtöne von Orangegelb – Beispiel 'Duddley Neville' – bis zum Hellgelb von 'Citrinum'. *A. montanum* 'Berggold' bildet ein niedriges, aschgraues Polster; mit seinen leuchtend gelben Blüten paßt es am Trogrand zum Blaukissen.

Androsace, Mannsschild
Die meisten Mannsschildarten gehören in eine ausgesprochen alpine Gestaltung. *A. primuloides*, der Himalaja-Mannsschild, kann auch zu einer dekorativen Pflanzung verwendet werden. Durch oberirdische Ausläufer bildet er dichte Rosettenpolster, die im Mai mit rosaroten Blüten übersät sind.

Antennaria, Katzenpfötchen
A. dioica var. *borealis* (syn. *A. tomentosa* hort.) bildet ganz niedere, dichte und weißfilzige Blatteppiche und eignet sich gut für den dekorativen Trog oder Tischgarten. Die Form 'Rubra' besitzt rote Blütenköpfchen, die Polster sind dagegen nicht ganz so weißfilzig. Schöne, rosa gefärbte Blütchen schmücken die Form 'Nywood'.

Arabis, Gänsekresse
Als Zwischen- oder Randpflanzung für größere Tröge, Tischgarten oder Balkonkästen empfiehlt sich die weißblühende *A. caucasica* 'Schneehaube'. Ihre dichten, immergrünen Polster hängen weit über den Rand und geben zusammen mit Blaukissen, Teppichphlox und Steinkraut im Frühjahr ein farbenfrohes Bild. Die gefülltblühende Sorte *A. caucasica* 'Plena' ist ebenfalls gut geeignet.

Armeria, Grasnelke
Die leuchtend purpurrosa, kugeligen Blüten von *A. maritima* 'Düsseldorfer Stolz' stehen im Mai über dichten, grasartigen Polstern. Wenn diese nach zwei bis drei Jahren zu stark gewachsen sind, sollten Grasnelken neu verpflanzt werden.

Aster, Aster
Die recht widerstandsfähige Alpenaster, *A. alpinus*, trägt auf kurzen Stengeln blaue Blütenkörbchen, die bei einigen, übrigens guten Sorten, mehr oder weniger dunkel sind. Für Blumenschmuck im Spätjahr sorgt als ausgesprochener Herbstblüher die niedrigbleibende *A. dumosus* mit der niedrigsten, dunkelrosa blühenden Sorte 'Nesthäkchen'.

Aubrieta, Blaukissen
Wer beim Kauf von Blaukissen darauf achtet, gute Namenssorten zu erhalten, der wird im Frühjahr sehr schöne Farbwirkungen in Trögen, Tischgärten oder auch Balkonkästen erzielen können. Sämlingspflanzen, die mitunter billiger angeboten werden, erreichen nie die Blütengröße, die

(35) Aëthionema warleyense (Steintäschel) möchte eng zwischen dem Gestein und in gut dräniertem Boden sitzen. (36) Kundige erzielen auch im Garten schöne Blüten von Leontopodium alpinum (Edelweiß). (37) Für Edraianthus graminiflorus (Büschelglocke) ist ein Kalkknollenstein genau das richtige. (38) Saxifraga oppositifolia 'Splendens' steht am liebsten absonnig zwischen Feinschotter. (39) Gentiana acaulis 'Dinarica', eine der besten Formen des Stengellosen Enzians, fühlt sich zwischen Steingruppen sehr wohl. (40) Ein Kleinod für die Bepflanzung von Kalkknollensteinen ist Edraianthus dinaricus (Büschelglocke).

35

36

37

38

39

40

kräftige Blütenfarbe, die Reichblütigkeit und die lange Blühdauer der vegetativ vermehrten Namenssorten.
Gute Sorten sind: 'Blue Emperor' (dunkel violettblau), 'Dr. Mules' (tief dunkelviolett), 'Neuling' (besonders gut wachsend, lavendelblau), 'Schloß Eckberg' (sehr großblumig, dunkelviolett), 'Tauricola' (sehr gutes Polster, dunkelblau).

Campanula, Glockenblume
Besonders an leicht beschatteten Pflanzstellen dekorativer Miniaturgärten sind sommerblühende Glockenblumen nicht wegzudenken. Gut eignen sich die niedrig und sehr kompakt wachsende *C. carpatica* 'Blaue Clips' mit ihren großen, schalenförmigen blauen Blüten und die mehr silberblaue 'Karpatenkrone'. Auch die weiße Sorte *C. carpatica* 'Weiße Clips' ist sehr dankbar. Einen niederliegenden Wuchs mit einer Überfülle von hellblauen Blüten besitzt die robuste *C. poscharskyana* 'Blauranke'. In den Monaten Juni/August entfaltet sie ihre Blütenpracht, vornehmlich an nicht zu trockenen Plätzen.

Carlina, Silberdistel, Eberwurz
In einem größeren Trog, eventuell zwischen Zwergnadelgehölzen, bietet *C. acaulis* einen schönen Anblick, wenn sie im Herbst ihre großen silberweißen Blüten entfaltet. Die abgeblühten Blütenstände zieren die Pflanze bis in den Winter hinein.

Cerastium, Hornkraut
Das sehr stark wachsende Hornkraut, welches im Garten besonders zur Bodenbedeckung verwendet wird, kann, zusammen mit Blaukissen, Steinkraut, Teppichphlox und anderen Polsterstauden, gut zum Überwachsen von Balkonbrüstungen, großen Trögen oder auch Balkonkästen eingesetzt werden. *C. tomentosum* var. *columnae* ist mit seinem weißfilzigen Polster und den reinweißen Blüten eine der besten Formen, da sie nicht so stark wächst wie die Art.

Chrysogonum, Goldkörbchen
Ch. virginianum ist eine reizende Pflanze, die sich von Juli bis September aus niedrigen Blattpolstern heraus mit goldgelben Blüten schmückt. Gerade die lange Blütezeit im Sommer macht diese Pflanze so begehrenswert.

Dianthus, Nelke
Neben den frühjahrsblühenden Polsterstauden sind die Pfingstnelken, *D. gratianopolitanus* (früher *D. caesius*) unentbehrlich für eine Miniaturbepflanzung. Auf dichten, meist blaugrauen Polstern, die das ganze Jahr sehr zierend wirken, erscheinen von Mai bis meist in den Sommer hinein die großen, rosa und roten Blüten. Es gibt eine ganze Reihe guter Farbsorten, die sehr brauchbar sind. Die wüchsigsten sind die in Katalogen angebotenen „Roten Auslesen", die auch reichblütig und großblumig sind. *D. allwoodi*, eine sehr gut wachsende Art, besitzt etwas zarter getönte Blüten mit intensiv gefärbter Mitte.

Euphorbia, Wolfsmilch
Die langen, schuppenförmigen Triebe der Walzenwolfsmilch, *E. myrsinites*, sind wie eigens dazu geschaffen, einen Trog malerisch zu überlagern oder als apartes Gehänge über den Rand eines Tischgartens oder Balkonkastens zu quellen.

Gentiana, Enzian
Von dieser typischen Alpenblume passen zwei Formen gut in eine dekorative Pflan-

zung. *G. septemfida* var. *lagodechiana* wächst weitgehend problemlos, bleibt niedrig und blüht blau im Spätsommer. Berühmt wegen seiner Bläue ist der stengellose Enzian unserer Berge, *G. acaulis*; die gartenwillige Sorte 'Dinarica' blüht recht fleißig, sehr großblumig und ist deshalb vorzuziehen.

Gypsophila, Schleierkraut
Eine überschäumende rosa Blütenfülle entfaltet im Sommer das gefülltblühende, niedrige Schleierkraut, *G. repens* 'Rosenschleier'. Auch für die Pflanzung in Balkonkästen, zwischen Zwergnadelgehölzen, ist dieses Schleierkraut sehr gut geeignet.

Helianthemum, Sonnenröschen
Im Frühsommer bilden die niedrigen Sonnenröschen dichte Blütenteppiche, die sich über den Rand von Trögen oder Balkonkästen legen. Doch nur die ungefüllten, ganz niederliegenden Sorten sind geeignet, da diese im Winter nicht so leicht zurückfrieren. Die Hybride 'Sterntaler' bildet schöne, dichte Polster und schmückt sich mit goldgelben Blüten, während die Blüten von *H. nummularium* (syn. *H. chamaecistus*) 'Zonatus' einen roten Schlundring besitzen und das dichte Blattpolster glänzend grün ist.

Heliosperma siehe *Silene*

Iberis, Schleifenblume
Neben der meist allbekannten, kompakten Art *I. sempervirens*, die im Frühjahr mit großen, weißen Blüten übersät ist, eignet sich die niederliegende, polsterbildende *I. saxatilis* ganz besonders gut zur dekorativen Bepflanzung. Diese Art blüht meist ein zweites Mal im Herbst.

Inula, Alant
Der Zwergalant, *I. ensifolia* 'Compacta', ist eine reichblühende Pflanze von niedrigbuschigem Wuchs mit goldgelbem Blütenflor im Sommer.

Minuartia, Miere
Unentbehrlich zur Bepflanzung von Balkonkästen, Trögen oder Tischgärten ist die weißblühende *M. laricifolia*. Über Steine oder über die Ränder von Miniaturgärten hängen malerisch die dichten Polster dieser sehr langlebigen Pflanze.

Oenothera, Nachtkerze
Große, goldgelbe Blüten schmücken die Missouri-Nachtkerze, *O. missouriensis*, vom Spätsommer bis in den Herbst. Der niederliegende Wuchs verweist auf den Trogrand als dem geeigneten Platz. Zwar besitzt diese Pflanze kein immergrünes Polster – die späte Blütezeit und die großen, trichterförmigen gelben Blüten machen sie dennoch sehr empfehlenswert.

Phlox, Phlox
Der Teppichphlox, *Ph. subulata*, als weitverbreitete Polsterstaude überall in den Vorgärten anzutreffen, eignet sich auch gut für Miniaturgärten. Im Frühjahr verschwinden die dichten, grünen Polster förmlich unter ihrer Blütenpracht. Zusammen mit Blaukissen, Steinkraut und Schleifenblume wächst der Teppichphlox über den Rand von Balkonkästen, Trögen und Tischgärten und umschmiegt auch den Fuß alpin gestalteter Felsgärten. Empfehlenswerte Sorten sind: 'Atropurpurea' (dunkel karminrot), 'Daisy Hill' (lachsrosa), 'G. F. Wilson' (schieferblau, besonders stark wachsend), 'Leuchtstern' (dunkelrosa, mit sehr festem Polster), 'Temiskaming' (leuchtend purpurrot).

Potentilla, Fingerkraut
Über niedrigem, dichtem Polster blüht in kräftigem Goldgelb *P. aurea*; ihre Sorte 'Goldklumpen' ist besonders reichblühend. Nicht ganz so flach wächst die ebenfalls sehr reichblühende *P. aurea* ssp. *chrysocraspeda* (syn. *P. ternata*); ihr Goldgelb ist etwas dunkler.

Saponaria, Seifenkraut
Weit über den Rand eines Troges oder Balkonkastens fallen die Polster von *S. ocymoides*. Durch die üppige, rosarote Blütenfülle im Frühsommer ist diese Pflanze gut geeignet, zwischen Frühjahrsflor und Sommerblüte zu vermitteln.

Saxifraga, Steinbrech
Wahre Kleinode für alpine Bepflanzungen finden sich bei den Steinbrecharten. Einige können auch für robuste, dekorative Pflanzungen empfohlen werden. Während die Rosettensteinbrech-Arten alle mehr oder weniger zwischen Steinen stehen sollten, bilden Moossteinbrech-Arten, besonders an etwas beschatteten Stellen, grüne Rasenpolster. Die *S.*-Arendsii-Hybriden sind die bekanntesten Moospolster der Steinbrecharten; 'Blütenteppich' hat karminrosa Blüten, 'Triumph' dunkel rubinrote. Dichte, niedere Moospolster, die sich über den Winter bronzebraun verfärben, bildet die weißblühende *S. hypnoides* var. *egemmulosa* (syn. *S. kingii*). Sehr reich blüht *S. muscoides* 'Findling'. Über dichten, dunkelgrünen Polstern erheben sich die weißen Blüten in großer Zahl.

Sedum, Fetthenne
Viele *Sedum*-Arten sind unverwüstliche Polsterpflanzen in Vor- und Steingärten. Dank ihrer robusten Wuchseigenschaften lassen sie sich auch für dekorative Pflanzungen verwenden. Sehr bewährt hat sich *S. floriferum* 'Weihenstephaner Gold', welches dichte Polster bildet und goldgelbe Blüten hervorbringt. *S. kamtschaticum* 'Fol. Var.' wirkt durch ein schönes Blattpolster mit goldgelb gerandeten Blättern. *S. spurium* 'Coccineum' besitzt rötliche Blätter und violettrote Blüten. Spät, erst im Herbst, blüht *S. cauticolum*; über bläulich bereiftem Laub erheben sich die purpurroten Blüten.

Sempervivum, Hauswurz
Die Hauswurzarten kommen am wirkungsvollsten zwischen den Steinen einer alpinen Pflanzung zur Geltung. Doch gibt es viele Arten und Sorten, die ohne weiteres auch in einer dekorativen Pflanzung verwendet werden können, besonders die Sor-

(41) Saxifraga longifolia (Königssteinbrech) mit der begeisternd schönen, edlen Rosette. (42) Geranium cinereum 'Ballerina' breitet einen üppigen Flor aus. (43) Die Stammform der Amerikanischen Bitterwurz, Lewisia cotyledon. Muß vor zuviel Feuchtigkeit geschützt werden. (44) Townsendia wilcoxiana aus den Felsgebirgen Nordamerikas ähnelt der Alpenaster. Sehr nässeempfindlich. (45) Anacyclus depressus (Marokko-Kamille) entfaltet die roten Knospen zu weißen Blüten. (46) Artemisia stelleriana (Beifuß) kontrastiert allein durch das silberne Blattwerk effektvoll zum dunklen Felsgestein.

41

42

43

44

45

46

ten mit großen Blattrosetten. Aus der Vielzahl der angebotenen Sorten seien nur einige herausgegriffen.
Sehr große, braunrote Rosetten mit grünen Rändern und einem Durchmesser bis zu 20 cm bildet 'Commander Hay'; die Blüten sind rosarot. Die violettroten, ebenfalls sehr großen Blattrosetten der Sorte 'Sponnier' besitzen einen breiten, grünen Rand. Bei 'Amtmann Fischer' sind die großen Rosetten violettpurpur und die Blattspitzen dunkler, sie blüht purpurrot. 'Othello' besitzt ebenfalls große, jedoch braunrote Rosetten mit grünen Rändern und dunkelrosa Blüten. 'Purpurriese' ist eine dunkelrosa blühende Sorte mit großen, purpurroten Rosetten. Große grüne Rosetten, zu denen die rötlichen Blattränder in schönem Kontrast stehen, besitzt 'Seerosenstern'. Weniger große Rosetten entwickelt 'Maby II'; die intensiv roten Rosetten sind grün überlaufen. Darüber hinaus gibt es noch eine ganze Anzahl weiterer guter Arten und Sorten mit mehr oder weniger großen Rosetten. Einige weitere sind unter „Gebirgspflanzen" aufgezählt und beschrieben (Seite 123).

Die dichten Rosetten der Hauswurzarten schmücken sich mit einem schönen Blütenstand

Silene, Leimkraut
Zwei Vorzüge machen *S. alpestris* (syn. *Heliosperma alpestre*) 'Pleniflorum' für Miniaturgärten wertvoll: sommerliche Blütezeit und, über niedrigem, grünem Polster, gefüllte, weiße Blüten. Sie gedeiht ebensogut an sonnigen wie an beschatteten Stellen. *S. schafta* 'Splendens' ist besonders für den Herbstflor sehr geeignet. Sie bildet lockere Rasenpolster; ihre leuchtend karminroten Blüten erscheinen von Spätsommer bis Herbst und machen damit diese Pflanze so wertvoll.

Thymus, Thymian
Der im Sommer dunkelrot blühende Quendel, *T. serpyllum* 'Coccineus' bildet dichte, niedrige Rasen, zwischen denen sich besonders Zwergblumenzwiebeln sehr wohl fühlen. Ein noch dichteres, graufilziges Polster entwickelt *T. praecox* var. *pseudolanuginosus* (syn. *T. pseudolanuginosus*) . Die rosa Blüten erscheinen nur vereinzelt; mit seinem niedrigen Polster überzieht diese Art ganze Felspartien oder auch den Rand eines Troges.

Veronica, Ehrenpreis
Die verschiedenen Formen des Fels-Ehrenpreis bilden niedere, dichte und robuste Rasenpolster. Besonders geeignet ist *V. prostrata*, die sich im Mai/Juni mit leuchtendblauen Blüten schmückt; ihre Sorte 'Alba' ist ebenfalls empfehlenswert.

Wulfenia, Wulfenie, Kuhtritt
Die Wulfenie oder der „Kärntner Kuhtritt",*W. carinthiaca*, ist eine Staude, die mit ihren glänzend grünen Blattrosetten

sehr apart aussieht. In einem etwas schattig stehenden Trog oder an beschatteter Stelle eines Miniatursteingartens gedeiht die Wulfenie gut und schmückt sich im Mai/Juni mit blauvioletten Blütentrauben.

d Gebirgspflanzen für alpine Gestaltungen

Die Beschaffung der Gebirgs- und vollends der Felspflanzen ist nicht so einfach wie die der Steingartenstauden (von denen übrigens eine ganze Anzahl ohne weiteres auch für alpine Miniaturgärten mit zu verwenden ist). Es gibt nur wenige Bezugsquellen (s. Verzeichnis, Seite 148); und aus England eingeführte Pflanzen sind nicht leicht in unser kontinentales Klima einzugewöhnen. Vielfach hilft nur die Selbstanzucht aus Samen, zu dem man am mühelosesten durch die Mitgliedschaft in einer Liebhaber-Pflanzengesellschaft gelangt (s. Seite 72).
Die Gebirgspflanzen verlangen eine sorgsamere Pflanzung und Pflege. Für sie ist Erde F besonders gut geeignet. Die Ratschläge im Kapitel „Pflanzerde" sollten zumal bei Felspflanzen unbedingt beachtet werden (Seite 40).

Acantholimon, Igelpolster
Alle Arten des Igelpolsters eignen sich vorzüglich für alpine Felsgärtchen oder Tröge; richtig wohl fühlen sie sich an sonnigen Plätzen, eng zwischen Steine gepflanzt, in einen sehr gut durchlässigen Pflanzerde F. Wo diese Bedingungen erfüllt sind, gedeihen A. *glumaceum*, mit dichtem, starrem Polster und rosaroten Blüten im Spätfrühjahr, sowie das reichblühende A. *graminifolium*, dessen rosarote Blüten sich über etwas weicherem Polster erheben. Das silbergraue A. *olivieri*, ebenfalls rosarot blühend, wächst langsamer und sollte zwischen Steine in einen sehr gut dränierten Trog oder in die Steinfugen eines alpinen Felsgärtchens gepflanzt werden.

Achillea, Garbe
Dichte, meist silbergraue Polster verleihen den Gebirgsformen der bekannten Schafgarbe auch den Namen „Silbergarbe". In durchlässiger, mit Steinschotter versehener Pflanzerde A gedeihen sie gut. Aus der Vielzahl der meist sehr ähnlichen Formen seien nur einige hervorgehoben.
A. *ageratifolia* schmückt sich im Mai über silbergrauem Polster mit weißen Blüten. A. *kellereri* besitzt ein sehr schönes, feinlaubiges Blattpolter und blüht besonders lange. A. *wilczeckii* wirkt durch die Polster aus größeren, zungenförmigen Blättern sehr dekorativ. Liebhaberpflanzen sind neben den vielen weiteren Formen besonders A. *umbellata* und A. *clavennae*. Beide blühen weiß über sehr zierenden Blattpolstern und verlangen eine mit Schotter versetzte Pflanzerde F.

Aëthionema, Steintäschel
Die Steintäschelarten sind reizende Frühjahrsblüher für Miniaturgärten. Ob sie sich über den Rand eines Troges lagern oder zwischen den Steinen einer kleinen Felsgruppe sitzen – sie benötigen stets einen sonnigen, warmen Platz und eine gut mit Gesteinsschotter vermengte Erdmischung, damit sie nie zu viel Feuchtigkeit bekommen. Man setzt sie daher in Pflanzsubstrat F mit Perlite, Bimskies, Blähton oder anderem Material.
Die langlebigste Art ist A. *grandiflorum*. Über schöner, blaugrauer Belaubung stehen im Frühjahr die etwas lila angehauchten rosa Blüten und verströmen einen in-

tensiven Duft. Bei A. *warleyense* ist die nadelartige Belaubung blaugrau; die Blütenfarbe der Sorte „Warley Rubrum" ist noch intensiver und leuchtender als bei der purpurrosa blühenden Sorte 'Warley Rose'. A. *oppositifolium* bildet dichte, kleine Matten, wenn sie in durchlässige Erdmischung F gepflanzt wird. Die lilarosa Blüten erscheinen im Mai.

Alyssum, Steinkraut

Neben den allbekannten Steingarten-Arten des Steinkrauts ist es besonders A. *moellendorfianum* mit dichtem, silbergrauem, niederem Polster, das im Frühjahr mit leuchtend gelber Blütenfülle herrliche Farbtupfer auf einen Trog zaubert. Auch für eine flächige Pflanzung zwischen Steinen ist diese Art, genau wie A. *montanum* 'Berggold', gut geeignet.

Anacyclus, Marokko-Kamille

A. *depressus* ist eine reizende Pflanze für alpine Felsgärten und Tröge. Leider ist sie nicht sehr langlebig und hält sich längere Zeit nur bei bester Dränage, die vor allem in der lichtarmen Jahreszeit die Pflanzen vor allzuviel Bodenfeuchtigkeit schützt. Ein sonniger Platz in durchlässiger A- oder F-Erde sagt der Marokko-Kamille besonders zu. Über feinzerteiltem, leicht silbergrauem Laub erscheinen im Frühjahr die rötlichen Knospen, die sich zu weißen Blüten entfalten.

Androsace, Mannsschild

Diese Gattung birgt eine Vielzahl edler Gebirgspflanzen, deren hochalpine Vertreter jedoch großer Aufmerksamkeit und Sorgfalt bedürfen. In durchlässiger A-Erde gedeihen besonders gut die asiatischen Formen. A. *sempervivoides* bildet ein dichtes, grünes Rosettenpolster und schmückt sich im April/Mai mit niedrigen, kräftigrosa Blüten. Größere Polster entwickelt A. *primuloides*. Das lockerrasige Rosettenpolster ist wollig behaart; die intensiv rosa Blüten erscheinen im Mai. Ebenfalls im Mai blüht A. *sarmentosa* mit karminrosa Blüten; die lockeren Polster überziehen ganze Felspartien. Von dieser Art gibt es eine Reihe guter Formen, die hell- oder dunkelrosarot erblühen und mehr oder weniger wollig behaarte Rosetten bilden, z.B. 'Mollis', mit starker Behaarung. Das Polster der Sorte 'Sheriffii' hebt sich von den anderen Formen durch spatelige und kaum behaarte Blattrosetten deutlich ab.

Den Übergang zu den hochalpinen *Androsace*-Arten bildet für den Anfänger A. *chamaejasme*. Die kleinen Rosettenpolster tragen weiße Blüten im Mai. In Pflanzerde A, mit viel Bimskies, Perlite oder Blähton

(47) Weiß und Gelb: Minuartia laricifolia, eine Felsmiere, und Hieracium villosum, ein nichtwucherndes Habichtskraut, dahinter Juniperus squamata 'Blue Star' (Blauzederwacholder). (48) Picea pungens 'Glauca Globosa' (Blaufichte), durchwoben von Steinbrechblüten (Saxifraga trifurcata), und Pinus sylvestris 'Perkeo' (Zwergkiefer). (49) Roscoea cautleoides, eine Ingwerorchidee aus dem Himalaja, im Felsgarten. (50) Leontopodium alpinum 'Alpengarten', eine vorzügliche Edelweiß-Form. (51) Kontraste: Heller Stein, Felsnelke (Dianthus simulans) und Sempervivum ('Othello'). (52) Tief hinab und eng an den Trog geschmiegt wächst Cotoneaster 'Streibs Findling'.

47

48

49

50

51

52

vermischt, gedeiht diese Art gut in Steinfugen oder schmalen Bändern. Ebenso will auch *A. villosa* gepflanzt werden. Sie bildet dichte Polster aus kleinen, zottig behaarten Rosetten und blüht weiß im Mai. Die wesentlich schwächer wachsende *A. villosa* var. *arachnoidea* erfordert schon etwas mehr Sorgfalt bei der Pflanzung. Die kleinen, dichten Rosetten sind stärker und silbriger behaart.

Der Traum eines jeden Alpenpflanzenliebhabers sind die hochalpinen Mannsschildarten, wahre Kleinode, die sich mit ihren ganz dichten, zwergigen Kugelpolstern eng in schmale Felsritzen schmiegen. Sehr viel Sorgfalt gehört dazu, diese Zwergpolster in den Fugen oder Löchern eines Kalkknollensteines anzusiedeln. Für alle diese hochalpinen Fugenpflanzen verwendet man am besten die Pflanzerde F, zur Hälfte noch mit grobem Gesteinsmehl vermischt; zusätzlich soll der Wurzelhals mit feinem Schotter umfüllt werden. Durch sehr schöne, dichte Kugelpolster zeichnet sich *A. pyrenaica* aus, die auch im Tiefland im Mai/Juni mit dicht auf dem Polster sitzenden weißen Blüten übersät ist. *A. imbricata* besitzt ein etwas flacheres Zwergpolster. *A. helvetica*, das Schweizer Mannsschild, gedeiht nur in engen Felsspalten, welche ganz mit Feinschotter, fast ohne jeden Humusgehalt, gefüllt sind. Erst einige Zentimeter tief sollten dann die Faserwurzeln in Pflanzerde F, vermischt mit Feinschotter, einwurzeln können.

Wesentlich einfacher kommen die asiatischen Arten voran, *A. foliosa* und *A. strigillosa*. In gut durchlässiger Erde A oder F bilden sie größere Blattrosetten, die sehr dekorativ wirken. Die Blüten sitzen auf langen Stielen, sie sind zartweiß mit rosaroter Unterseite. Aus dem Himalaja stammt *A. lanuginosa* 'Leichtlinii'. Sie ist besonders wegen der lang anhaltenden Blütezeit zu empfehlen. Die Pflanze bildet niedere, lockere Polster, die von Sommer bis Herbst weiße Blüten mit lilarosa Schimmer hervorbringen. Auch sie braucht sehr durchlässige A- oder F-Erde.

Andryala

A. agardhii belebt eine alpine Pflanzung mit weißfilzigem Laub und goldgelben Blüten, die im Frühsommer erscheinen.

Anemone

Das Berghähnlein, *A. narcissiflora*, mit großer weißer Blütendolde liebt Pflanzerde A und einen mehr beschatteten Standort. *A. lesseri* blüht im Frühsommer karminrot und muß ähnlich gepflanzt werden wie die vorige Art, mit der sie verwandt ist.

Anemone alpina und *A. pulsatilla*
siehe *Pulsatilla*

Anthemis, Hundskamille

Für alpine Miniaturgärten eignet sich *A. biebersteiniana*. Im späten Frühjahr erscheinen die goldgelben Blüten auf 10–15 cm hohen Stielen. Das fiederteilige, silberne Blattwerk wirkt auch ohne Blüten sehr dekorativ. Schutz vor zuviel Feuchtigkeit während der Winterzeit benötigt *A. barrelieri*. Die kleinen, dichten Polster sind silbergrau. Sie gedeiht gut in Pflanzerde F, wenn diese nur genügend wasserdurchlässig gemacht wurde.

Aquilegia, Akelei

Die niedrigen Akelei-Arten sind ein reizender Schmuck an einem leicht beschatteten, absonnigen Standort. Sie danken es, wenn sie zwischen lockere, bodenbedeckende Rasenpolster gepflanzt werden, so z.B. zwischen Felsmieren oder lockerrasigen

Ehrenpreispolstern. Eine geschlossene Bodendecke um die Pflanzen ist sehr von Vorteil. Geeignet sind alle niedrigen Arten; sie gedeihen gut in Pflanzerde A.
Sehr zwergig bleibt A. *flabellata* (syn. A. *akitensis*) mit den Sorten 'Nana' oder 'Mini Star', deren blaue Blüten verhältnismäßig groß sind. Ebenfalls sehr großblumig, doch eher hellblau blüht A. *glandulosa*. Kleine violette Blüten und zartes, feingliedriges Laub schmücken A. *einseleana*. Zweifarbig, gelb mit rot, erblüht die zierliche A. *canadensis*. In vielen Farben leuchtet A. *caerulea* 'Biedermeier', eine robuste, ebenfalls niedere Form.

Arabis, Gänsekresse
So unentbehrlich die Steingartenformen der Gänsekresse für eine dekorative Pflanzung sind, so nützlich sind die Gebirgsformen, wenn es darum geht, zwischen Steinen und Felsgruppen dichte grüne Rasenpolster zu schaffen. An leicht beschatteter Stelle webt A. *scopoliana* dunkelgrüne Rasenteppiche, welche im Mai mit weißen Blüten übersät sind. Zwergige, graufilzige Polster bildet in engen Fugen A. *androsacea*, wogegen A. *pumila* und A. *vochinensis* an etwas absonnigen Stellen grüne Zwergrasen ausbreiten. Alle diese Arten gedeihen in nicht zu sonnigen Trögen oder zwischen alpinen Steingruppen gut in Pflanzerde A.

Arenaria, Sandkraut
Dichte, starre Zwergpolster mit fast aufsitzenden, weißen Blüten bildet A. *tetraquetra*. Sie fühlt sich in engen Steinfugen und sonniger Lage so richtig wohl und blüht im Frühjahr. Weniger dicht, doch sehr großblumig und reinweiß ist A. *montana* 'Grandiflora'; sie eignet sich gut für die Anlage grüner Polster zwischen Steinen. Über lockeren, blaugrünen Polstern schmückt sich im Mai/Juni A. *ledebouriana* mit elegantem, weißem Blütenflor. A. *sajanensis*, ein niedriges, dichtes Zwergpolster, ist ebenso wie die lockerrasige A. *purpurascens*, die zartrosa blüht, ein geeigneter Bodendecker an beschatteter Stelle.

Armeria, Grasnelke
Neben den bekannten Formen von A. *maritima* eignet sich für eine alpine Bepflanzung besonders A. *juniperifolia* (syn.A. *caespitosa*). Diese Zwerggrasnelke besitzt dichte, kurzlaubige grüne Polster, über denen sich im Frühjahr kurzgestielte, kugelige, rosarote Blüten erheben. Es gibt einige Farbauslesen in Dunkelrosa, Rosa und Weiß, alle mit sehr kurzstieligen Blüten. So richtig wohl fühlen sich diese Zwergpflanzen in engen Steinfugen und durchlässiger Pflanzerde A. Wüchsiger ist A. *suendermannii* mit längergestielten, dunkel rosaroten Blüten.

Artemisia, Beifuß
Feinfiedrige, silberweiße Blattpolster besitzt A. *schmidtiana* 'Nana', die in sonniger Lage zwischen Steinen sehr gut gedeiht. Etwas schwieriger zu pflegen sind die hochalpinen Formen. Hier sollte unbedingt darauf geachtet werden, daß alle überflüssige Feuchtigkeit in den Herbst- und Wintermonaten aus der Pflanzerde abfließen kann. A. *assoana* bildet etwas größere, silberlaubige Polster. A. *umbelliformis* (syn. A. *laxa*), die echte Edelraute unserer Alpen, nur kleine silberglänzende Zwergpolster. Ähnlich ist A. *nitida*.

Asperula, Alpenwaldmeister
Auch vom Alpenwaldmeister gibt es Vertreter, die sich gut zur Pflanzung in Trögen

oder Felsgärtchen eignen. Wenig anspruchsvoll ist *A. lilaciflora* 'Caespitosa', eine herrliche, ganz niedrige Polsterpflanze, die im Frühjahr in sonniger Lage über und über mit einem intensiv rosaroten Blütenflor überzogen ist. Ob diese Pflanze sich über den Rand eines Trogs lagert, aus schmalen Steinfugen quillt oder ihr Polster mit den hübschen Blütendolden aus den Löchern eines Kalkknollensteines wächst, immer wird sie ein Schmuckstück einer alpinen Pflanzung bilden. *A. cynanchica* schmückt die lockeren Polster erst im Frühsommer mit einer duftigen, hellrosa Blütenfülle.
Für den erfahrenen Alpenpflanzen-Liebhaber sind *A. nitida* und *A. pontica* wunderschöne Zwergpolster, die sich von Spätfrühjahr bis Frühsommer mit rosaroten Blüten zieren. Wie *A. arcadiensis* wollen diese Arten eine sandigschotterige Pflanzerde F. Die hellgrauen Polster von *A. arcadiensis* sind zur Blütezeit übersät mit röhrenförmigen, rosa Blüten. Ihre volle Schönheit entfalten sie so richtig im Alpinenhaus, da sie gegen zu viel Nässe sehr empfindlich ist.

Aster
Die meisten Asterarten sind robuste Stauden für Steingarten oder Blumenrabatte. Zur alpinen Pflanzung eignet sich neben *A. alpinus*, der Alpenaster, besonders *A. natalense*. Die reinblauen Blüten erheben sich im Frühsommer etwa 10–15 cm über niedrigen, dunkelgrünen Blattpolstern.

Astragalus, Tragant
Die sehr nässeempfindlichen Arten dieser Gattung verlangen eine mit Feingeröll vermischte Pflanzerde F und vollsonnigen Standort. *A. angustifolius* bildet starre Polster; die cremeweißen Blüten erscheinen im Spätfrühjahr. *A. monspessulanus* blüht purpurrot, die Polster sind lockerer und überlagern malerisch alpine Felspartien.

Azorella, Andenpolster
Dichte, feste und glänzendgrüne Polster bildet *A. trifurcata*. Die grünlichweißen, dicht aufsitzenden Blüten erscheinen im Frühsommer. Besonders an sonnigen Stellen bildet diese Gebirgspflanze aus den Anden wunderschöne, dichte Matten.

Calceolaria, Pantoffelblume
Alle Calceolarien, die für eine alpine Pflanzung in Frage kommen, lieben einen Standort, der nicht zu trocken wird und doch so schotterig-kiesig ist, daß die Pflanzen über die Wintermonate eher trockener als zu feucht sitzen. *C. polyrrhiza* bildet etwas größere Blattpolster und schmückt sich im Sommer mit gelben Blütendolden.

(53) Armeria juniperifolia (Zwerggrasnelke) und ein Vorfrühlings-Steinbrech (Saxifraga der Sektion Kabschia) in einem Kalkknollenstein. (54) Flacher Trog, ganz mit Hauswurz besetzt. Von vorn nach hinten: Sempervivum blandum, S. arachnoideum ssp. tomentosum, S. 'Rubin'. (55) Sempervivum 'Othello' neben der Spinnweb-Hauswurz (S. arachnoideum ssp. tomentosum). (56) „Katzenkopf" auf einem kleinen Mühlstein, auch unbepflanzt voll Charakter. (57) Schale mit winterhartem Feigenkaktus (Opuntia polyacantha), davor Sempervivum 'Maby'. (58) Sempervivum 'Purpurriese' mit Opuntia humifusa. Feigenkaktus und Hauswurz passen immer gut zusammen.

53

54

55

56

57

58

Bei C. *biflora* erscheinen die goldgelben Blüten über kleinen, flachen und glänzenden Blattrosetten.

Callianthemum, Jägerblume
Speziell der Alpenpflanzenkenner wird auf die Jägerblume nicht verzichten wollen. Die weißen Blüten von C. *anemonoides* erscheinen schon im zeitigen Frühjahr über den noch kaum vorhandenen fiederigen Blättern. Etwas später erblüht die sehr ähnliche C. *coriandrifolium*.

Campanula, Glockenblume
Glockenblumen, besonders die alpinen Formen, sind unentbehrliche Pflanzenschätze für eine alpine Bepflanzung. Leider werden gerade die kleinbleibenden Arten gerne von Schnecken abgefressen, so daß eine laufende vorbeugende Behandlung mit einem Schneckenmittel angebracht ist. Die Zwergglockenblume, C. *cochleariifolia* (syn. C. *pusilla*) , hat zierliche blaue, reizvolle Blütenglöckchen. Sie bildet zwischen schmalsten Felsfugen durch dünne, unterirdische Ausläufer immer wieder neue Polster, die zur Blütezeit im Frühsommer mit Blüten übersät sind. Bei der Verwendung als Trogpflanze sollte man mit ihr vorsichtig sein: Durch die Ausläufer kann sie leicht einmal lästig werden und überhandnehmen. Eine der schönsten und dankbarsten Glockenblumen für den Trog ist C. *portenschlagiana* 'Birch Hybrid'. Mit ihren hell purpurblauen Blütenglocken, die im Mai/Juni erscheinen, ist sie eine Zierde jeder Pflanzung. Sternförmige, lila Blüten besitzt C. *garganica*, die aus Dalmatien stammt. Ihre Reichblütigkeit und Anspruchslosigkeit machen auch diese Art unentbehrlich.
Anspruchsvoller sind die alpinen Vertreter. C. *cashmiriana* blüht unermüdlich den ganzen Sommer hindurch, im Winterhalbjahr ist Feuchtigkeit aber Gift für sie. Die winzigen, alpinen Arten C. *excisa*, C. *morettiana* und C. *zoysii* verblüffen im Sommer mit ihren großen Blüten über den wenigen, zwergigen Trieben. Sie alle wollen absonnig, zwischen Steinen, in sehr grober, schotteriger F-Erde stehen.

Chiastophyllum, Goldtröpfchen
An einem schattigen Platz, eingebettet zwischen Steinen, eignet sich C. *oppositifolium* gut zur Bepflanzung. Über rundlichen, fleischigen Blättern erheben sich im Sommer die gelben, überhängenden Blütenrispen.

Chrysanthemum, Margerite, Wucherblume
Neben dem etwas heiklen C. *alpinum*, der weißen Alpenmargerite, ist es besonders C. *weyrichii*, das verhältnismäßig leicht im Trog oder Felsgarten gedeiht. Im Frühsommer erscheinen die nur kurzgestielten, großen rosaroten Blüten über glänzendgrünen, dichten Laubpolstern.

Codonopsis, Glockenwinde, Tigerglocke
Erst im Trog oder Tischgarten oder zwischen Steingruppen kommen diese Pflanzen richtig zur Geltung. Man muß in die Blütenglocken hineinsehen können, um die wundervollen Zeichnungen im Blüteninnern zu erkennen. C. *clematidea* blüht, wie alle Arten dieser Gattung, im Sommer; ihre porzellanblauen Blütenglocken haben im Innern eine braungelbe Zeichnung. C. *meleagris* besitzt cremefarbene Blüten mit rotbrauner Zeichnung; C. *ovata* hat himmelblaue, dunkel geaderte Blüten.

Cyclamen, Alpenveilchen
Beschattete Standorte in alpinen Felsgär-

ten sind ideale Plätze für winterharte Alpenveilchen. Die lockere, humose und durchlässige Pflanzerde A sagt ihnen besonders zu. Zwischen Steinen, auf breiten, beschatteten Pflanzflächen neben kleinbleibenden Zwerggehölzen gedeihen herbstblühende Alpenveilchen gut. *C. purpurascens* (syn. *C. europaeum*) mit karminrosa Blüten, die schon im August/September erscheinen, hat nierenförmige Blätter mit leicht silbriger Zeichnung. Spitz zulaufende, intensiv silbergrau gezeichnete Blätter hat das sehr widerstandsfähige, rosa blühende *C. hederifolium* (syn. *C. linearifolium, C. neapolitanum*); Blütezeit ist September/Oktober. Schon zeitig im Frühjahr blüht *C. coum*; von ihm gibt es karminrote und rosa Formen, auch eine weiße ('Album') . Diese Art sollte nicht zu tief gesetzt werden; nur ganz knapp unter der Erdoberfläche liegen die Knollen.

Während die herbstblühenden Arten in einem schattigen Trog ohne große Schwierigkeit gedeihen, sollte *C. coum* einen leichten Winterschutz mit Laub oder Torf erhalten.

Cymbalaria, Zimbelkraut

Für eine alpine Pflanzung ist *C. muralis* (syn. *Linaria cymbalaria*) 'Globosa Rosea' zu empfehlen. Die dichten, rundkugeligen, kompakten Blattpolster bringen den ganzen Sommer über rosalila Blüten hervor, ohne so stark zu wuchern wie die Stammform. Diese Art gedeiht gut in Erde A; sie verträgt im Winter nicht zu viel Feuchtigkeit.

Dianthus, Nelke

Mit die wichtigsten Pflanzen für alpine Felsgärten sind die Berg- oder Felsnelken. Sie bilden meist dichte, starre Polster, die das ganze Jahr hindurch sehr zierend wirken, auch wenn die Pflanzen nicht blühen. Unter den Felsnelken gibt es eine ganze Anzahl Zwergpolster mit verhältnismäßig großen Blüten auf kurzen Stielen. In lockerer, durchlässiger Pflanzerde, also in Erdmischung A, gedeihen sie in sonniger Lage besonders gut.

Von *D. gratianopolitanus* (syn. *D. caesius*) gibt es sehr dichte, niedrigblühende Sorten, wie 'Blaureif' oder 'Compactus', beide rosarot blühend und zur Trogbepflanzung sehr gut geeignet.*D. arenarius*, die Sandnelke, ist eine hübsche weiße, im Frühsommer blühende Nelke mit dichtem, graugrünem Rasenpolster. Herrliche, große rosarote Blüten auf ganz kurzen Stengeln bringt 'La Bourbrille' hervor, eine Hybride unbekannter Herkunft, deren halbkugeliges, blaugraues Polster sich sehr schön zwischen die Steine schmiegt. Auch *D. simulans* bildet ein niedriges, dichtes Zwergpolster. Die Blüten sind zwar etwas kleiner, doch intensiv dunkelrosa. Ein herrlicher Anblick, wenn solch ein Zwergpolster über den Rand eines Troges wächst oder aus den Löchern eines Kalkknollensteines quillt. Ähnlich gut zu verwenden sind *D. pavonius* (syn.*D. neglectus*) mit purpurroten Blüten und der etwas höher werdende *D. sylvestris* mit seinem reichen, rosaroten Blütenflor. Spät im Juli/August erblüht mit weißen, etwas gefransten Blüten *D. petraeus* ssp. *noëanus* (syn. *D. noëanus*). Er bildet sehr schöne, feste grüne Polster und ist sehr widerstandsfähig. Ganz kleine Zwerge sind *D. microlepis*, rosarot, sowie der noch kleiner bleibende *D. musalae*. Beide fühlen sich, eng an Steine geschmiegt, sehr wohl. *D. alpinus* hat zwar von allen Zwergformen die größte Blüte, doch nur erfahrene Alpenpflanzenliebhaber können die etwas kurzlebige Art länger halten. Ihr größter Feind ist zu viel Feuchtigkeit im Boden, doch zu trockene Stellen sagen ihr ebensowenig zu. F-Erde, mindestens zur Hälfte mit Schotter versetzt, und ein absonniger Pflanzplatz ist die beste Gewähr für ein Gedeihen der Alpennelke.

Dodecatheon, Götterblume

Keine Polster, doch sehr schöne, eigenartige Blüten auf kräftigen Stielen zeichnen die Götterblume aus Nordamerika aus. *D. meadia* ist die bekannteste Art mit lilarosa Blüten, die entfernt den Alpenveilchen gleichen. Die *D.*-Hybride 'Red Wings' mit leuchtend karminroten Blüten ist ebenso wie alle übrigen Arten und Formen gut geeignet. Sie gedeihen vorzüglich, auch in Trögen, in Pflanzsubstrat A; nach der Blüte ziehen sie ein.

Douglasia siehe *Vitaliana*

Draba, Hungerblümchen

Hungerblümchen machen ihrem Namen alle Ehre, bilden sie doch zwischen ganz schmalen Felsritzen oder auch in engen Löchern von Kalkknollensteinen dichte, zwergige Rosettenpolster, ganz so, als ob zum Gedeihen kaum Erde notwendig wäre. *D. lasiocarpa* und *D. aizoides* schmücken ihre dichten Pölsterchen schon im zeitigen Frühjahr mit goldgelben Blüten; sehr reichblühend und wüchsig ist *D. bruniifolia* var. *diversifolia*. Wohl eine der schönsten *Draba*-Arten ist *D. olympica* (Sibth.) non hort. mit sehr großblumigen und ganz kurzstieligen, leuchtend goldgelben Blüten – nicht zu verwechseln mit der für diese Art meist angebotenen längergestielten *D. bruniifolia* (syn. *D. olympica* hort.). *D. suendermannii* blüht weiß und bildet ebenfalls dichte Zwergpolster.
Es gibt noch eine ganze Reihe anderer Arten, die mit ihren dichten Zwergpolstern alle zur alpinen Felsbepflanzung brauchbar sind und gut in durchlässiger A-Erde gedeihen.
Empfindlich gegen Feuchtigkeit in den Wintermonaten und deshalb nur dem erfahrenen Pflanzenfreund zu empfehlen sind *D. mollissima* und *D. polytricha*. Beide gedeihen sehr gut im Alpinenhaus oder unter entsprechender Überdachung. Über silbergrauen Zwergpolstern erheben sich bei *D. mollissima* die goldgelben Blüten schon sehr zeitig im Vorfrühling; die Polster von *D. polytricha* sind grün. Beide wollen eine sehr schotterige, durchlässige Pflanzerde, am besten Pflanzsubstrat F.

Dryas, Silberwurz

Eine typische Gebirgs- und Alpenpflanze ist die Silberwurz. Eigentlich ein Zwergsträuchlein, doch wird sie fast immer bei den Stauden geführt. Gut eignet sich die sehr langlebige Pflanze, um dichte Matten zu bilden, die sich über den Rand eines

(59) Waschbetontrog mit Zirbelkiefer (Pinus cembra) und flachwachsendem Goldwacholder (Juniperus chinensis 'Old Gold'), von Begonien und Lantanen begleitet. (60) Ein alpin gestalteter Trog sieht immer gut aus, auch wenn einmal nichts blüht. Hier ein Beispiel mit Hauswurz (Sempervivum 'Othello') und Felsnelke (Dianthus simulans). (61) Weiteres Beispiel mit Picea pungens 'Glauca Globosa' (Stechfichte) und Pinus sylvestris 'Perkeo' (Zwergkiefer), die das Gerüst der Pflanzung bilden, sowie Cotoneaster 'Streibs Findling' (Felsmispel) und Acantholimon glumaceum (Igelpolster) im Vordergrund.

59

60

61

Troges legen oder ganze Felspartien überziehen. *D. octopetala*, die alpine Art, wächst langsam und blüht weiß. Ebenfalls weiß, doch reicher, blüht die im Wuchs merklich stärkere *D. suendermannii*. Bei *D. drummondi* sind die Knospen gelb, die offenen Blüten später cremeweiß. Auch nach der Blüte wirken die Samenstände aller *Dryas*-Arten durch ihr federiges Aussehen sehr interessant.

Edraianthus, Büschelglocke
Ideale Pflanzen für enge Felsfugen und löcherige Kalkknollensteine sind die Büschelglocken. Alle lieben sonnigen Standort; eine gut mit Sand vermischte Erde A sagt den meisten *Edraianthus*-Arten zu.
Eine der schönsten ist *E. dinaricus*. Er bildet dichte, graugrünliche Polster und schmückt sich im Frühsommer überreich mit fast sitzenden, glockenblumenartigen blauen Blüten. Genauso widerstandsfähig sind *E. graminifolius* und *E. tenuifolius*; sie haben etwas längere, direkt an den Steinen anliegende Blütenstiele, an denen die violettblauen Blüten sitzen.
Für den erfahreneren Pflanzenfreund ist auch *E. pumilio* zu empfehlen. In seiner ganzen Art ähnelt er *E. dinaricus*. Die großen lilablauen Blüten sind kaum gestielt. Lockere, sehr zwergige Polster und große, einzelne, dunkelviolette Blüten kennzeichnen *E. serpyllifolius*. Sehr reizend ist seine Sorte 'Albo-Violacea'. Sie besitzt fast weiße, zart bläulich getönte Blüten. Für diese Liebhaberformen kommt besonders eine durchlässige Pflanzerde F in Frage; *E. serpyllifolius* sollte an einen absonnigen Platz gepflanzt werden.

Erigeron, Berufkraut
Neben vielen Gartensorten gibt es auch einige für Miniaturalpengärten geeignete Arten. *E. leiomerus* bildet grüne, niedrige und dichte Rasenpolster, trägt jedoch nur vereinzelte, niedrige, lilablaue Blüten. Verhältnismäßig große, goldgelbe Blüten besitzt *E. aurantiacus*. Bei einem Standort in ganz durchlässiger Erde F ist für Felsgärten oder alpinen Trog auch *E. radicatus* zu empfehlen, eine reizende, kleine, blaublühende Art mit sehr schmalen Blättern.

Erinus, Alpenbalsam
Im Frühjahr bringt *E. alpinus* 'Dr. Hähnle' schöne farbenfrohe Punkte in eine alpine Pflanzung. Die niederen, kleinen, dichten Blattpolster quellen über von karminrosa Blüten. *E. alpinus* 'Albus' ist eine genauso dankbare weiße Sorte.

Eriogonum, Wollknöterich
Alle *Eriogonum*-Arten vertragen volle Sonne und auch Trockenheit; die nachstehend genannten blühen im Sommer und gedeihen gut in Pflanzerde A. *E. racemosum* bildet ein dichtes, graugrünes Blattpolster. Die nur vereinzelten Blütentrauben sind weißrosa. Grünlaubige Blattpolster und gelbe Blütendolden besitzt *E. umbellatum*. *E. jamesii* ist reichblühender, goldgelb, dabei etwas schwachwüchsiger.

Erodium, Reiherschnabel
Auf Trögen und alpinen Felsgärtchen sind die sommerblühenden Reiherschnabel-Arten dankbare Pflanzen. Über feinzerteiltem, meist grauem Laub erscheinen den ganzen Sommer über die geranienartigen Blüten. Bei *E. petraeum* ssp. *crispum* (syn. *E. cheilanthifolium*) sind sie zart weißrosa und intensiv purpurlila gezeichnet. Zart gelb blüht *E. chrysanthum*, rosa *E. sibthorpianum*. Nur an sehr trockenen Plätzen, ohne viel Feuchtigkeit in den Winter-

monaten, in sehr durchlässiger Erde A oder F, ist *E. reichardii* (syn. *E. chamaedryoides*) zu halten; in seiner vollen Schönheit entfaltet es sich ganz besonders im Alpinenhaus oder überdachten Alpinum. Seine Sorte 'Roseum' schmückt das niedere, dichte Polster den ganzen Sommer über mit fast sitzenden, rosaroten Blüten; bei 'Plenum' sind sie gefüllt.

Euphorbia, Wolfsmilch
Die einzige für eine alpine Pflanzung geeignete Wolfsmilchart ist *E. capitulata*. Sie wächst willig und bildet zwischen Steinen dichte blaugrüne Polster; die Blüten sind grünlichgelb und erscheinen im Frühsommer.

Euryops
E. evansii, ein niedrigbuschiger Halbstrauch, wirkt auch außerhalb der Blütezeit durch die silbergraue Belaubung. Im Frühsommer schmückt er sich mit großen, gelben Blüten. Braucht sonnigen Standort und Erde A oder F, mit Schotter gemischt.

Galium, Labkraut
G. baldense bildet in sehr durchlässiger F-Erde dichte, moosartige, grüne Rasenpolster, die es im Sommer mit zartweißen Blüten überzieht. Noch zierlichere Polster webt *G. olympicum*, das sich eng in Steinfugen schmiegt. Auch *G. incanum* vermag mit dichtem, graugrünem Zwergpolster Felsfugen und schmale Bänder zu schmükken.

Gentiana, Enzian
Neben Edelweiß ist Enzian eine der bekanntesten Alpenblumen und sollte auf Trögen, Tischgärten oder Felsgärten nicht fehlen. Die Auswahl aus den vielen Arten ist groß und für den Laien nicht immer leicht. Zur winterfesten Bepflanzung von Miniaturgärten kommen vor allen Dingen die niedrigen Formen in Frage, besonders jedoch *G. acaulis*, der stengellose Enzian unserer Alpen. Von dieser großblumigen, leuchtendblauen Art gibt es gute Sorten, die einen Pflanzenliebhaber sehr ansprechen können: Eine der dankbarsten und am reichsten blühend ist 'Dinarica'; durch üppigen Flor zeichnen sich auch 'Gedanensis' (ultramarineblau) und 'Holzmannii' (azurblau) aus. Interessant ist 'Undulatifolia' mit gewellten Blättern.
Alle gedeihen gut in Pflanzerde A, ebenso die kleinblumigen, sommerblühenden asiatischen Enzianarten. An niederliegenden, langen Stengeln erscheinen die dunklen, blauen Blüten bei *G. kurroo*. *G. decumbens* blüht etwas heller. Von der im Spätsommer blühenden Art *G. septemfida* gibt es Sorten, die genauso widerstandsfähig sind wie die Art selbst, so 'Doeringia-

Herrliche blaue Blüten besitzt der stengellose Enzian, Gentiana acaulis

na', eine dunkler blühende Auslese, und die mehr aufrecht wachsende 'Erecta'.
Die herrlich blühenden Kostbarkeiten der aus China stammenden Herbstenziane der Sektion Frigidae gedeihen gut in einer Mischung von gleichen Teilen der Pflanzerde M und A. Der Standort sollte gegenüber anderen Enzianarten etwas absonnig, doch keineswegs zu schattig sein. Die wüchsigste Art ist *G. macaulayi*, eine Kreuzung zwischen *G. farreri* und *G. sino-ornata*. Die großen Blüten von *G. farreri*, dem Wellensittich-Enzian, haben ein helles, leuchtendes Himmelblau mit dunklen Außenstreifen. Etwas gröber im Laub ist *G. sino-ornata*. Die Blüten, ebenfalls sehr groß, sind tief azurblau mit dunklen Streifen.
Es gibt heute eine sehr große Zahl von Auslesen und Kreuzungen, die vielfach kaum von einander zu unterscheiden sind. Ihre Blütenfarben reichen von ganz reinem, durchscheinendem Blau bis hin zu tiefem, dunklem Kobaltblau. Die Wachstumsbedingungen sind bei all diesen Formen durchweg gleich, so daß sie gut nach der Beschreibung in Katalogen ausgesucht werden können.
Das schönste und leuchtendste Blau besitzt der Frühlingsenzian, *G. verna*. Diese Art muß sorgfältiger gepflanzt werden und ist nicht immer ganz einfach zu kultivieren. Gleichwohl wird sie im Trog oder zwischen den Steinen einer Felsgruppe erfreulich vorankommen, wenn sie erhält, was sie braucht, nämlich: aufmerksame Pflege, humose, durchlässige Erde F oder entsprechend sandig-kiesige Erde A, einen während des Sommers nie zu trockenen Standort und schließlich öfteres, leichtes Übersprühen. Ebenfalls nur dem erfahrenen Pflanzenfreund zu empfehlen ist *G. bavarica*, deren Grundblätter gegenüber *G. verna* etwas rundlicher sind. Ein Erlebnis für jeden Alpenpflanzenliebhaber sind ihre herrlichen, tiefblauen Blüten. Sie liebt das trockenwarme Tieflandklima nicht; über die Sommerzeit muß öfters für ausreichende, möglichst gleichbleibende Feuchtigkeit gesorgt werden, dabei sollte auch sie nie zu naß stehen.

Geranium, Storchschnabel
Unentbehrlich für eine Pflanzung sowohl in Trögen wie in anderen Miniaturgärten sind die *Geranium*-Arten. *G. dalmaticum* bildet niedere, dichte Polster aus zierenden, rundlichen Blättern, die sich üppig zwischen Steinen ausbreiten; seidigglänzende, rosarote Blüten schmücken die Pflanze im Sommer. Sehr schön ist auch seine weiße Sorte 'Album'. Ebenso unentbehrlich und lange blühend ist *G. subcaulescens* 'Splendens', das zwar keine großen

(62) Immergrüne Grundpflanzung mit blauem Kriechwacholder (Juniperus horizontalis 'Glauca') und Eibe (Taxus media 'Hicksii') im Hintergrund, kombiniert mit farbenprächtigem Sommerflor. (63) Sehr dankbar bei alpiner Pflanzung sind die Glockenblumen. Campanula portenschlagiana 'Birch Hybrid' hat besonders schöne Glocken und eine lange Blütezeit. (64) Hauswurz-Arten wirken immer gut, dank der schöngeformten Rosetten wie auch der sternförmigen Blüten auf dickem, fleischigem Stiel. Die Spinnweb-Hauswurz (Sempervivum arachnoideum ssp. tomentosum) beweist es.

62

63

64

Polster vorweisen kann, dafür aber den ganzen Sommer hindurch einen karminroten Flor. Es empfiehlt sich bestens zur Ansiedlung in tiefen Löchern von Kalkknollensteinen. Gleichfalls reichblühend ist *G. cinereum* 'Ballerina'. Die Blüten sind hell purpurrosa und entfalten sich über dekorativem Laub. Alle Formen gedeihen gut in Pflanzsubstrat A.

Geum, Nelkenwurz
Neben den höher werdenden *Geum*-Arten ist es besonders die niedrige *G. montanum*, die sich auch für Miniaturgärten eignet. Im Spätfrühjahr bis Frühsommer erscheinen die gelben Blüten.

Globularia, Kugelblume
Dunkelgrüne, dichte Matten bildet *G. cordifolia*. Zur Blütezeit im Spätfrühjahr zieren blaue Blütenköpfe die niederen Polster. Die langlebige Pflanze paßt gut an den Rand von Trögen. Wesentlich kräftiger wächst *G. lindavica*, ebenfalls mit blauen Kugelblüten. *G. repens* (syn. *G. nana*), die zwergige Ausgabe der Kugelblumen, findet vor allem in Kalkknollensteinen den richtigen Platz. Dort, wie auch in schmalen Ritzen von Gesteinsgruppen, flicht sie kleine, dichte Zwergpolster, die mit sitzenden, hellblauen Blüten geschmückt sind. Sie gedeiht gut in Erde F.

Gymnandra siehe *Lagotis*

Gypsophila, Schleierkraut
Neben den hohen *Gypsophila*-Arten gibt es zahlreiche niedrige, die für eine alpine Pflanzung taugen, z.B. *G. cerastioides*, deren niedere, lockere Mattenpolster im Frühjahr mit großen, weißen, lilarosa geaderten Blüten besetzt sind. In enge Spalten, noch besser auf einen löcherigen Kalkknollenstein, wird *G. aretioides* gepflanzt. Diese sehr langsam wachsende Art schmiegt sich eng an das Gestein an und entfaltet ihre wirkliche Schönheit erst nach Jahren. Zierlicher und schwachwüchsiger ist die Form 'Caucasica'. Ebenfalls in Fugen oder löcherigen Steinen fühlt sich *G. tenuifolia* wohl und breitet dort dichte, grüne Polster aus.

Haberlea, Haberlee
Über interessanten Blattrosetten erheben sich bei *H. rhodopensis* im Spätfrühjahr glockige Blütenstände in zartem Lilablau. Der Standort dieser Pflanzen sollte immer absonnig sein. Sie gedeihen gut in Erde M oder in einem Gemisch von Erde F und M. Die Sorte 'Viminalis' besitzt weiße Blüten, die am Grunde gelblich gefleckt sind.

Helianthemum, Sonnenröschen
Die Zwergformen der Sonnenröschen zeichnen sich durch schöne, dichte Polster aus; sie gedeihen gut in sonniger Lage. *H. oelandicum* ssp. *alpestre* (syn. *H. alpestre*) 'Serpyllifolium' zeigt im Frühsommer leuchtendgelbe Blüten über dem Teppichpolster der kleinen, dunkelgrünen Blättchen. Das gleiche Zwergpolster besitzt *H. oelandicum*, dessen gelbe Blüten im Spätfrühjahr erscheinen. Graugrüne, niedere Zwergpolster, über denen ebenfalls im Spätfrühjahr die kräftig gelben Blüten leuchten, kennzeichnen *H. canum* sowie das ähnliche *H. scardicum*. Ein wenig höher wächst das niedrigbuschige *H. lunulatum*. Es hat graublaues Laub; die goldgelben Blüten sind leicht orange getönt. Alle diese Polster-Sonnenröschen sind wie dazu geschaffen, Trogränder oder Steingruppen mit überhängendem, widerstandsfähigem Polster zu beleben.

Helichrysum, Strohblume
Ein Kleinod für jedes Alpinum ist *H. milfordiae*. Auf einem Kalkknollenstein oder auch in den Fugen einer Steingruppe bringt diese Art ihre herrlichen, silbergrauen, dichten Polster am schönsten zur Geltung. Die großen Blüten sind zuerst zartrosa, später weiß; sie erscheinen im Frühsommer an kurzen Stielen über den dichten Rosettenpolstern. Gegen Winternässe ist diese Pflanze sehr empfindlich; sie verlangt eine besonders gute Dränage und möglichst F-Erde.
H.sibthorpii (syn. *H. virgineum*) ziert durch die großen, weißwolligen Blattrosetten. *H. frigidum* ist im ganzen zierlicher; die Blüten sind silberweiß mit gelblicher Mitte. Besonders schön entwickeln sich alle diese Arten im Alpinenhaus oder im überdachten Alpinum.

Hieracium, Habichtskraut
So schön die roten oder orangegelben Blüten von *H. rubrum* und *H. aurantiacum* auch sind – die Pflanzen wuchern viel zu sehr und werden schnell breit. Nur *H. bombycinum* sowie *H. villosum* werden nicht lästig. Die sehr dekorativen Blätter sind weißwollig behaart. Beide blühen gelb im Frühsommer.

Hippocrepis, Hufeisenklee
Wer eine Pflanze sucht, die über den Rand eines Troges hängen soll, dazu noch langlebig und widerstandsfähig ist, der sollte ruhig einmal den Hufeisenklee, *H. comosa*, verwenden. Im Sommer schmücken sich seine überhängenden Polster mit goldgelben, rot angehauchten Blüten.

Horminum, Drachenmaul
Große Blattrosetten, über deren runzeligen Blättern sich im Spätfrühjahr violettblaue Blütenähren erheben, zieren *H. pyrenaicum*. Die Pflanze ist sehr anspruchslos und gedeiht in fast allen Lagen, ob sonnig oder absonnig.

Hutchinsia, Gemskresse
Weiße, doldige Blütenstände stehen im Frühsommer über zierlichen, grünen Polstern bei *H. alpina* und, etwas reicher, bei *H. alpina* ssp. *auerswaldii* (syn. *H. auerswaldii*). Beide gedeihen an nicht zu trockenen Stellen einer alpinen Anlage.

Iberis, Schleifenblume
Unentbehrlich zur Trogbepflanzung ist die ganz knapp dem Boden anliegende *I. saxatilis*. Schon sehr zeitig im Frühjahr sind die dichten Polster mit üppigen, weißem Blütenflor besetzt. Zierlicher und noch kleiner ist *I. pygmaea*; sie paßt so richtig in Gesteinsfugen auf einem Trog oder alpinen Tischgarten. Ganz kurze, nadelartige Belaubung ziert *I. candolleana*, eine ebenfalls sehr flach wachsende Zwergform. Alle diese Arten blühen im Frühjahr und gedeihen gut in Erde A oder auch in Erde F.

Incarvillea, Freilandgloxinie
Die nur etwa 20–30 cm hoch werdende *I. mairei* kommt mit ihren interessanten Blüten im Trog oder Tischgarten besonders gut zur Wirkung. Die großen, karminrosa Blüten erscheinen im späten Frühjahr; im späten Sommer zieht die ganze Pflanze ein, ist aber mit den rübenförmigen Wurzelstöcken so robust, daß sie auch in Trögen oder Tischgärten im Frühjahr immer wieder aufs neue Blüten bringt. Pflanzerde A sagt ihr sehr zu. Von der *I. mairei* gibt es einige Farbauslesen, zum Beispiel die tiefrosa blühende ‘Frank Rudlow’, die hellrosa ‘Nyoto Sama’ und die sehr großblumige ‘Bees Pink’.

Iris, Schwertlilie
Die meisten Schwertlilien sind für das Staudenbeet, die niederen Arten jedoch auch für den Steingarten geeignet, und einige taugen sogar für eine alpine Pflanzung. Schon im März erblüht die niedere *I. danfordiae* mit großen, gelben Blüten; bald darauf erscheinen die tief violettblauen Blüten der *I. reticulata* Von dieser gibt es eine ganze Reihe guter Sorten, die alle im Miniaturgarten zu verwenden sind. Ganz besonders zu empfehlen ist die Art *I. cristata*. Durch Wurzelrhizome bildet sie dichte Matten, die sich mit niederen, lilablauen Blüten schmücken. Diese Art sowie die im ganzen etwas zierlichere *I. lacustris* – sie erblüht in einem helleren Blau – gedeihen gut in sandiger Pflanzerde A. Die Blütezeit liegt bei beiden im späten Frühjahr. *I. japonica* ist ebenfalls eine reizende, jedoch etwas empfindliche, hell azurblau blühende Art, die vor allem im überdachten Alpinum und im Alpinenhaus ihre volle Schönheit entfaltet. Sie gedeiht dort willig in durchlässiger Pflanzerde A.

Jovibarba
Sehr schön ist *J. heuffelii*, die in Katalogen meist noch unter ihrem alten Namen *Sempervivum heuffelii* angeboten wird. Die grünen Rosetten haben braunrote Spitzen; die Pflanze treibt keine Ausläufer. Die einzelnen Rosetten sitzen eng aneinander und sind nicht leicht zu teilen.

Lagotis
Im Frühjahr trägt *L. stolonifera* (syn. *Gymnandra stolonifera*) schöne blaue Blüten. Die glänzendgrünen Blattschöpfe treiben lange Ausläufer, an deren Ende neue Pflanzen entstehen.

Leontopodium, Edelweiß
Wer im Tiefland wirklich schöne und edelgeformte, silberweiß-filzige Edelweißblüten erhalten will, kann dies besonders gut im Trog oder Alpinum erreichen. In erster Linie ist die richtige Pflanzenauswahl wichtig. Was meist als *L. alpinum* angeboten wird, sind Aussaaten, die immer wieder von kultivierten Gartenpflanzen stammen und daher sehr variabel sind. Das wirkliche, echte *L. alpinum* bleibt auch im Tiefland bei richtiger Pflege ganz gedrungen und bringt aus weißfilzigen, kleinen Blattpolstern filzige, gut geformte Blütensterne. Solche Pflanzen stammen aus Samen, der in den Bergen gesammelt wurde; sie werden vielfach als „*L. alpinum vera*" angeboten. Die Pflanzen benötigen eine besonders durchlässige Erde. Pflanzsubstrat A oder, noch besser, Substrat F wird fast zur Hälfte mit Bimskies, Perlite oder grobem Schotter vermischt. Sehr langlebig sind die Pflanzen

(65) Aus den Löchern eines Kalkknollen wächst, eng an den Stein geschmiegt, die weißblühende Form des Hungerblümchens (Draba × suendermannii). Alle Draba-Arten eignen sich hervorragend für die Bepflanzung solcher Steine. (66) Auf einem hellen Kalkknollenstein kommt Sempervivum 'Purpurriese' zu außerordentlicher Wirkung. Die Felsglockenblume Campanula cochleariifolia fühlt sich in den engsten Ritzen wohl, kann jedoch leicht überhandnehmen. (67) Halbrunder Trog mit Steinbrech, Hauswurz und einer Binsenlilie. Steine und ein Wurzelstrunk vermitteln zwischen den einzelnen Gattungen und trennen sie zugleich.

65

66

67

zwar meistens nicht, doch durch die edlen, einwandfreien Blüten wird der Pflanzenliebhaber dafür mehr als entschädigt. Wer sich nicht so viel Arbeit machen möchte, dem sei besonders *L. souliei* empfohlen. Diese Art aus dem Himalaja ist das beste Edelweiß für den Garten. Die Pflanzen wirken grüner, doch die Blütensterne, die im Sommer erscheinen, sind nie zu groß und schön silberfilzig; bei der Sorte ‚Mignon' sind die Blütenstiele kürzer und gedrungener. Art und Sorte wachsen sehr willig und gedeihen gut in Erde A, und dies in jedem Trog, in Schalen und Kästen.
Neben diesen in erster Linie zu empfehlenden Arten gibt es noch eine ganze Reihe weiterer Formen. Von *L. alpinum* werden einige Ausleseformen angeboten, die alle sehr brauchbar sind, wenn sie nicht aus Samen nachgezogen, sondern vegetativ vermehrt wurden. Eine besonders schöne und dankbare Auslese ist die erst in jüngster Zeit entstandene Sorte 'Alpengarten'.

Im Juni erscheinen die Blütensterne von Leontopodium alpinum, dem Alpen-Edelweiß

Die nur 5–7 cm hoch werdende Pflanze hat einen sehr gleichmäßigen Wuchs, ist sehr reichblühend, und die gut geformten Einzelblüten sind besonders weißfilzig. In Pflanzerde A bildet diese Sorte gleichmäßige kompakte Büsche, die übersät sind mit einwandfrei geformten, weißen Blüten. Die aisatischen Arten, wie *L. himalayanum* mit sehr großen Blütensternen, *L. palibinianum*, das sehr spät blüht, und *L. stracheyi*, ebenfalls mit sehr großen Blüten, gedeihen alle gut in durchlässiger Erde und bei etwas magerer Kost.

Lewisia, Bitterwurz

Der Stolz jedes Alpenpflanzenfreundes und ein Maßstab seines Könnens sind die Lewisien. In der Pflege nicht ganz einfach, begeistern die Pflanzen jedoch mit ihren herrlichen Blütenrispen im Spätfrühjahr. Vom Herbst bis ins frühe Frühjahr müssen sie vor Feuchtigkeit geschützt werden. Deshalb werden Lewisien vielfach in Töpfen gehalten und über die Wintermonate unter eine Bedachung gestellt. Schön entwickeln sie sich im überdachten Felsgärtchen und im Alpinenhaus; auch in Trog und Tischgarten gedeihen sie zwischen engen Spalten bei bester Dränage. Ganz besonders wohl fühlen sich Lewisien in einem Kalkknollenstein oder im Tuffelsen. Oberstes Gebot ist eine hervorragend funktionierende Dränage, eine sehr durchlässige, lockere Pflanzerde, wobei der Wurzelhals frei vom Humus gehalten werden muß. Um den Wurzelhals der Pflanze sollte einige Zentimeter tief feiner Rieselkies oder anderer feinkörniger Grobschotter eingebracht werden. Kann durch diese Schicht das Wasser schnell ablaufen und in die unteren Schichten versickern, dann gedeihen Lewisien prächtig.
Für eine Trogbepflanzung kommen in er-

ster Linie die Arten mit immergrünen Blattrosetten in Betracht. Die am leichtesten gedeihende Art ist *L. cotyledon*. Ihre weiß-rosa gestreiften, verzweigten Blütenstände erscheinen im Spätfrühjahr über Rosetten aus breiten, spateligen Blättern. Von ihr gibt es viele gute Formen, deren Blüten meist einfarbig sind und von Lachsrosa über Tiefrosa bis zu Dunkelrosarot variieren. Eine Rosette aus schmalen, leicht gewellten und gesägten Blättern besitzt die rosarot blühende *L. heckneri*. *L. cotyledon* var. *howellii* hat stark gewellte Blätter und herrliche, kräftig aprikosenfarbige Blütenstände. Alle diese Arten blühen vom Spätfrühjahr bis Frühsommer.
Für den Kenner und Pflanzenliebhaber seien noch *L. nevadense* und *L. rediviva* erwähnt. Beide Arten ziehen nach der Blüte ein. Sie verlangen ebenfalls eine sehr durchlässige Pflanzerde, die absolut frei von stehender Nässe sein muß. Die weißen Blüten erscheinen im Frühsommer an kurzen Stielen über den schmalen, dichten Blattrosetten. Eine besondere Kostbarkeit ist *L. tweedy*, deren ausladende Blattrosetten sich im Spätfrühjahr mit großen, zart lachsrosa Blüten schmücken. Auch sie entfaltet ihre volle Schönheit, wie alle anderen Lewisien-Arten, erst an einem überdachten Pflanzplatz und im Alpinenhaus.

Linaria, Leinkraut
L. alpina, das Alpenleinkraut, ist ein typischer Schutt- und Geröllsiedler. Zwischen Grobgeröll, in einer durchlässigen Erde A, fühlt sie sich besonders wohl und zeigt fast ununterbrochen den ganzen Sommer hindurch die blauvioletten Blütentrauben. Schön ist auch die Sorte 'Rosea', deren rosalila Blüten orangegelb gefleckt sind.

Linaria cymbalaria siehe *Cymbalaria*

Linum, Lein
Besonders eine niedrige Art, *L. perenne* ssp. *alpinum* (syn. *L. alpinum*), eignet sich gut für alpine Miniaturgärten. Die blauen Blüten erscheinen den ganzen Sommer über, und die Pflanze gedeiht willig in Pflanzerde A. Mehr Aufmerksamkeit in der Pflege verlangt *L. capitatum*, eine niedrigbuschige Pflanze mit schönen, bläulichgrünen Blättern und im Sommer goldgelben Blüten; ebenfalls gelbt blüht *L. viscosum*. Beide Arten wollen eine etwas geschützte Pflanzstelle in durchlässiger Erde A oder F.

Lotus, Hornklee
L. corniculatus 'Plenus' ist eine sehr robuste und ausdauernde Polsterstaude, die fast den ganzen Sommer hindurch über dichten, grünen Polstern goldgelbe, gefüllte Blüten hervorbringt.

Marrubium, Andorn
Wer Freude hat an eigenartigen Blattpolstern, sollte unbedingt *M. supinum* in einen Trog oder ein alpines Felsgärtchen pflanzen. Die silbriggrauen Polster aus rundlichen, weichen und wolligen Blättchen wirken das ganze Jahr hindurch sehr dekorativ. Die lilarosa kleinen Blüten erscheinen im Sommer.

Meconopsis, Scheinmohn
Besonders auf alpinen Felsgärtchen kommen die *Meconopsis*-Arten gut zur Wirkung. Es sind prächtig wirkende Stauden, deren Blütenstiele zwar bis zu 1 m hoch werden können, die wegen ihrer herrlichen Blüten und der niedrigen, meist sehr ansehnlichen Blattrosetten jedoch in keinem alpinen Miniaturfelsgarten fehlen sollten. Der Standort aller Arten soll leicht beschattet sein. Während der Wachstumszeit

wollen die Pflanzen eher etwas feuchter, den Winter über müssen sie jedoch ziemlich trocken stehen. Erde A, gut durchlässig, sagt ihnen sehr zu. *M. betonicifolia* hat bräunlich behaarte Blattrosetten und im Frühsommer zartblaue Blüten. *M. horridula* blüht stahlblau, *M. napaulensis* meist purpurrot und *M. paniculata* gelb.

Mentha, Minze
M. requienii, eine Zwergminze aus Korsika, bildet an absonnigen Stellen oder in schattig stehenden Troggärten ganz niedere, dichte, grüne Rasenteppiche, die stark nach Pfefferminze duften, wenn man darüber streicht. Die kleinen, violetten Blüten erscheinen im Sommer. Besonders wohl fühlt sich die Pflanze an feuchten Stellen; Alpenrosen und andere Zwergsträuchlein umgibt sie gern mit dichten, grünen Matten.

Micromeria
In die Löcher eines Kalkknollensteines, in Troggärten oder zwischen die Steine eines Felsgärtchens gehören unbedingt auch die sommerblühenden Micromerien. Für ihre späte Blütezeit – sie tragen bis in den Herbst ihre interessanten, kleinen Lippenblüten – ist man ihnen ordentlich dankbar. *M. croatica* ist ein kleines, duftiges, buschiges Pflänzchen mit hell purpurrosa Blüten; *M. microphylla* erblüht rosafarben.

Minuartia, Miere
Neben der sehr robusten *M. laricifolia* ist besonders *M. graminifolia* unentbehrlich zur Bepflanzung von Felsfugen, obwohl diese kaum einmal blüht. Doch ihre dichten, flachen und grünen Zwergpolster schmiegen sich herrlich an Steine und Felsen und entwickeln, langsam zwar, aber beharrlich, grüne, widerstandsfähige Matten. Etwas lockere Zwergpolster mit weißen Blüten bildet *M. subnivalis*.

Moltkia
Fast schon als Zwergblütensträuchlein ist *Moltkia* zu behandeln. Ein buschiger, dichter Wuchs und leuchtend dunkelblaue Blüten machen *M. intermedia* besonders zur Blütezeit im Sommer zu einem Schmuckstück in Steinen und Felsfugen. *M. petraea* blüht violettblau. Beide Arten gedeihen gut an sonnigem, warmem Standort in besonders durchlässiger Erde A.

Nierembergia, Weißbecher
Einen leicht beschatteten und nicht zu trockenen Standort möchte die großblumige und zartweiß blühende *N. repens* (syn. *N. rivularis*). Ihre Polster sind dicht und rasig; die kurzgestielten Blüten bleiben von Sommer bis Herbst.

Ononis, Hauhechel
Die alpine Ausgabe des Hauhechels, *O. cristata* (syn. *O. cenisia*), schmiegt sich dicht ans Gestein und bildet ein kleines, mattenartiges Polster. Die rosa Blüten mit weißem Hauch erscheinen im Spätsommer.

Onosma, Lotwurz, Goldtropfen
Durch herrliche, überhängende Polster aus rauhhaarigen, borstigen und schmalen Blättern zeichnen sich die Lotwurzarten aus, deren schönste *O. albo-rosea* ist. Ihre glockigen, röhrenartigen Blüten sind zartweiß und färben sich während des Blühens vom Saum her schön rosarot. *O. stellulata* wächst sparriger und blüht gelb. Den *Onosma*-Arten kann es nicht warm genug sein, und sie brauchen vor allem eine sehr gute Dränage.

Opuntia, Feigenkaktus
In einem mit Sukkulenten bepflanzten Trog sollten neben Hauswurzarten auch winterharte Opuntien vertreten sein. Die wichtigste Voraussetzung hierfür ist eine besonders gute Dränage und zusätzlicher Schutz vor Winternässe; mit ein paar Tannenzweigen sollten sie unbedingt vor Kahlfrösten und den gefürchteten Spätfrösten im Frühjahr geschützt werden. Recht widerstandsfähig sind dann die Arten *O. humifusa* (reich und hellgelb blühend), *O. phaecantha* var. *camanchica* (leicht orangegelb) und *O. rhodantha* (hell karminrot).

Origanum, Dost
O. amanum, ein hübscher, niedriger Sommerblüher mit rosaroten Blüten, entwickelt sich besonders schön im Alpinenhaus an sonniger Stelle, wo die Pflanzen vor Winternässe geschützt sind. Für Tischgärten oder zur Pflanzung zwischen Felspartien ist *O. laevigatum* sehr zu empfehlen. Die Blütezeit dieser Art liegt im Spätsommer und Herbst, die Blütenfarbe ist Violettpurpur. Die Pflanzen bleiben zwar nicht ganz zwergig niedrig, sie werden lokkerbuschig, doch die späte Blütezeit macht sie begehrenswert.

Orostachys, Sternwurz, Nabelwurz
Im Aussehen der Hauswurz ähnlich ist *O. spinosus*, eine rundliche Rosettenpflanze, die sich gut zwischen Steine einfügt und auch zur Bepflanzung von Kalkknollensteinen oder Tuffsteinen geeignet ist.

Paederota
In Felsgruppen oder löcherigen Steinen gedeiht *P. bonarota* (syn. *Veronica bonarota*), das Mänderle unserer Alpen. Die lilablauen Blütentrauben erscheinen im Sommer; der Pflanzort sollte etwas absonnig sein.

Papaver, Mohn
Erst in einem gut dränierten Trog oder auf der Geröllhalde eines Felsgärtchens entwickelt sich *P. alpinum* zu seiner ganzen Schönheit. Über niedrigem, fiederteiligem, meist blaugrünem Laub wiegen sich den ganzen Sommer über die großen Blüten in Weiß, Gelb, Orange und Rosa. Das wichtigste bei diesen Pflanzen ist wiederum Schutz vor Winternässe, da sie sonst sehr leicht faulen. Der Alpenpflanzenliebhaber wird meist Wert legen auf die besonderen Sorten von *P. alpinum*, wie 'Burseri' (reinweiß blühend), 'Kerneri' (gelb) oder 'Rhaeticum' (orangegelb).

Petrophytum, Felsspiere
Wer an einer wirklich langsam wachsenden, zwergigen Felspflanze Freude hat, dem sei zu *P. caespitosum* geraten. In einem Trog oder in den Fugen einer Felsgruppe fühlt sich dieser Halbstrauch an vollsonniger Stelle richtig wohl, wenn er nur einen durchlässigen Untergrund vorfindet. Er bildet zwischen und über dem Gestein ganz dichte, bläulichgraue Matten, die im Sommer mit zierlichen, gelblichweißen Blütentrauben bestückt sind.

Petrorhagia, Felsnelke
Mit der gefülltblühenden, rosa *P. saxifraga* (syn. *Tunica saxifraga*) 'Plena' besitzen wir eine zierliche, den ganzen Sommer bis in den Herbst hinein blühende, dem Schleierkraut ähnliche Felspflanze, die sehr widerstandsfähig ist und sich an sonnigen Plätzen wohlfühlt. Sie sollte in keiner alpinen Pflanzung fehlen; die lange Blütezeit und die zierlichen, duftigen Blütenstände machen sie besonders wertvoll.

Phlox
Ein unentbehrliches Schmuckstück für jeden Steingarten sind die Polster von *P. subulata*. Doch auch zur alpinen Pflanzung eignen sich einige *Phlox*-Arten. Besonders die dichte Polster bauende *P. douglasii* ist zu empfehlen, samt ihren Sorten 'Hybrida', die rosalila und sehr reich blüht, sowie 'Eva', mit schönen rosa Blüten und dunklem Auge.

Physoplexis
Der Traum eines jeden Alpenpflanzenfreundes ist die schopfige Teufelskralle der Dolomiten, *P. comosa* (syn. *Phyteuma comosum*) . Über kleinen Blattpolstern erscheinen im Frühsommer die großen, fast sitzenden Blütenstände, deren eigenartiger Krallenform die Pflanze den Namen „Teufelskralle" verdankt. Die Blütenfarbe geht von bläulichem Weiß am Blütenrand in ein dunkles Purpur über. In absonniger Lage, eng zwischen Steine gepflanzt, fühlt sie sich wohl in Pflanzerde A, der sehr reichlich grobes Material zur Durchlüftung zugegeben wurde.

Phyteuma, Teufelskralle
Unter dem Gattungsnamen „Teufelskralle" erwartet man natürlich, „die" Teufelskralle zu finden. Aber die macht ihrem Namen Ehre, nicht nur, was die Kralle angeht – sie gehört gar nicht hierher, sondern in die gerade zuvor angeführte Gattung *Physoplexis*. Dort ist sie ausführlich besprochen. Von den *Phyteuma*-Arten sind zwei zu erwähnen; beide gedeihen problemlos. *P. scheuchzeri* trägt im Frühsommer auf kurzen Stielen kugelige, kräftig blaue Blüten. *P. sieberi* blüht etwas heller und bleibt niedrig.

Phyteuma comosum siehe *Physoplexis*

Plantago, Wegerich
P. nivalis wirkt besonders im Kontrast mit dunklem Gestein durch seine silberweißfilzigen Blattrosetten sehr apart. Die zierende Pflanze gedeiht ohne Schwierigkeiten, wenn sie nur vor allzuviel Winternässe bewahrt wird.

Polygala, Kreuzblume
P. chamaebuxus ist ein reizender, niedriger Halbstrauch, der sich besonders an einer warmen, jedoch vor zu starker Sonneneinstrahlung geschützten Pflanzstelle recht wohl fühlt. Die Art blüht gelb mit leicht roten Flecken; wüchsiger und im ganzen robuster ist ihre purpurrot blühende Sorte 'Grandiflora'. Nur für den Alpenpflanzenliebhaber ist *P. vayredae* zu empfehlen. Sie ist besonders gegen zu starke Fröste im Winter etwas empfindlich; der Pflanzplatz sollte unbedingt sehr durchlässig sein. Die Blütenfarbe dieses Kreuzblümchens ist Rosa mit Gelb.

Potentilla, Fingerkraut
Unentbehrlich sind die niedrigen *Potentilla*-Arten, wenn zwischen Felsgruppen grüne Matten entstehen sollen. *P. nitida*, das rosa blühende Juwel aus den Dolomiten, ist zwar im Tiefland ein fauler Blüher, doch gibt es heute schon blühwillige Gartenformen. Die meisten der niedrigen Fingerkräuter zieren durch die schönen Blattpolster. Hierzu sind neben den schon (auf Seite 90) erwähnten Arten *P. aurea* und *P. aurea* ssp. *chrysocraspeda* (syn. *P. ternata*) als weitere zu nenen: *P. fragiformis*, mit niedrigen, großen, gelben Blüten im Frühsommer, *P. speciosa*, mit schönem silberweißen Polster, *P. crantzii*, mit sehr reichem, anhaltendem gelben Flor, und, ihr ähnlich, *P. clusiana* mit zwergigen Polstern.

Primula, Primel

Die sehr formenreiche und vielgestaltige Gattung birgt wahre Schätze für Tröge und alpine Miniaturgärtchen; in erster Linie sind dies die alpinen Felsprimeln. Sie alle wollen keinen vollsonnigen Standort und fühlen sich in Pflanzerde A, an einem etwas absonnigen Platz, sehr wohl, besonders in engen Spalten und Fugen.

Herrlich goldgelbe Blüten entfaltet die echte Alpenaurikel, *P. auricula*; *P. auricula* var. *albo-cincta* hat leicht bemehlte Blätter, deren Ränder intensiv hellgelb leuchten. *P. clusiana* ist eine der dankbarsten Felsprimeln; über grünen Laubrosetten erheben sich im Frühjahr purpurrosa Blüten mit hellem Schlund. *P. wulfeniana*, ebenfalls sehr reichblühend, hat kleine, dichte Blattrosetten und dunkel lilarosa Blüten. Purpurrosa und etwas später blüht *P. spectabilis*. Bei *P. hirsuta* sind die Blätter leicht behaart, die Blüten karminrosa. Aus der Vielfalt der alpinen Primeln sei noch *P. marginata* hervorgehoben. Sie gedeiht verhältnismäßig leicht und ist sehr dauerhaft, schon zeitig im Frühjahr erscheinen die lila Blüten; die schönen und sehr zierenden Rosetten bestehen aus gezähnten, gelblich bepuderten Blättern. Von dieser Art gibt es eine Anzahl guter Formen, z. B. 'Amethyst' mit violettblauen, 'Drakes Form' mit lavendelblauen und 'Ramona' mit violettpurpur Blüten.

Unter den asiatischen Primelarten gibt es ebenfalls interessante und sehr schöne Formen. Am eigenartigsten erblüht die Orchideenprimel, *P. vialii*. Sie streckt an absonnigen, nicht zu trockenen Stellen im Sommer dichte Blütenähren über die Laubblätter. Der knospige Blütenschaft ist zuerst scharlachrot, die einzelnen Blüten sind im Aufblühen lilablau. Ebenfalls eher feucht als zu trocken möchte es die Mehlprimel unserer Alpen haben, *P. farinosa*. Sie gedeiht zwar auch in Pflanzerde A, ein Gemisch aus Substrat A und M ist je-

Primula auricula, die Alpenaurikel, schmückt sich mit goldgelben Blüten im Mai

Die Küchenschelle, Pulsatilla vulgaris, blüht bereits im zeitigen Frühjahr

doch vorzuziehen. Immer sollte, wie bei fast allen Primelarten, darauf geachtet werden, daß aber im Winter die Pflanzen keinesfalls zu feucht stehen. Spät im Sommer erscheinen die dunkel lilablauen, schopfigen Blütenstände von *P. capitata* ssp. *mooreana*. Sie möchte ähnlich gepflanzt werden wie *P. vialii* und wirkt vor allem zwischen hellem Gestein ausgesprochen apart.

Pterocephalus
An sonnigen und trockenen Stellen bildet *P. perennis* ssp. *perennis* (syn. *P. parnassii*) dichte, helle graugrüne Matten, über denen sich im Sommer rosafarbene, skabiosenartige Blütenköpfe erheben. Die späte Blütezeit macht diese Pflanze besonders wertvoll.

Ptilotrichum
Ein dichter, stacheliger Geselle ist das Felssträuchlein, *P. spinosum*. Die weißen Blüten erscheinen an den dichtbuschigen Halbsträuchern im Frühsommer. Einmal eingewachsen, kann es dieser Pflanze kaum zu heiß sein, und sie verträgt auch ein trockenes Plätzchen. Noch schöner ist *P. spinosum* 'Rubrum' mit purpurrosa Blüten.

Pulsatilla, Küchenschelle
Nicht auf die Küche, sondern auf die Verkleinerungsform von Kuh geht der Name „Küchenschelle" zurück; richtig wäre also „Kühchenschelle".
Bei *P. vulgaris* (syn. *Anemone pulsatilla*) erscheinen die dunkelvioletten Blüten schon im zeitigen Frühjahr aus behaarten Knospen. Es gibt Auslesen und Sorten in den verschiedensten Farbtönen von tief Dunkelviolett über Rot bis hin zu Weiß. In Grundmischung A gedeiht sie recht gut; der Standort sollte sonnig sein. Etwas schwierig und deshalb fast nur im alpinen Trog oder Felsgarten zu kultivieren ist die schwefelgelbe Alpenanemone, *P. alpina* (syn. *Anemone alpina*) 'Sulphurea'. Sie gedeiht bei einiger Sorgfalt in Pflanzerde F und darf nicht zu sonnig stehen.

Ramonda, Felsenteller
Die großen, immergrünen und behaarten Blattrosetten sind ein Schmuckstück beschatteter Tröge oder im schattigen Gestein alpiner Pflanzungen. Mit violettblauen Blüten schmückt sich *R. myconi* im Frühsommer – von ihr gibt es eine rosa und eine weiße Abart. Etwas früher daran ist *R. nathaliae*; sie hat lavendelblaue Blüten mit orangefarbiger Mitte. Einmal richtig eingewachsen, können diese Felsentellerarten auch größere sommerliche Trockenzeiten überdauern, allerdings unter der Bedingung, daß sie an schattigem Standort stehen, und zwar in humoser A-Erde, die eventuell noch mit Torf oder Substrat M vermischt wurde.

(68) Überschäumende Blütenfülle bringt in einem Trog die Bepflanzung mit Sommerflor; sie kann eine bewußt angestrebte Abwechslung sein. (69) Beim alpin gestalteten Trog steht die Einzelpflanze im Vordergrund und zwingt den Beschauer zur näheren, eingehenden Betrachtung. Eine bizarre Pflanzengestalt, hier Larix kaempferi (Japanische Lärche), prägt das Gesamtbild. (70) Aus dem roh behauenen Trog quellen die Pflanzen wie aus einem Stück Fels: Zwergginster (Cytisus decumbens), gegenüber als Widerpart die Garbenart Achillea chrysocoma, dazwischen Aurikel (Primula × pubescens), Sedum acre und ein Polsterphlox (Phlox douglasii).

68

69

70

Ranunculus, Hahnenfuß
An sonnigen Stellen fühlt sich *R. gramineus* sehr wohl, eine nichtwuchernde Art mit schmalen Blättern und leuchtendgelben Blüten im Spätfrühjahr. *R. alpestris*, der Alpenhahnenfuß, ist für den Liebhaber alpiner Pflanzen empfehlenswert. Der Pflanzplatz sollte etwas absonnig sein, die Erde durchlässiges Pflanzsubstrat A. Im Frühjahr erscheinen über glänzendgrünen Blättchen die großen, weißen Blüten auf kurzen Stielen. Etwas höher wird der gelbblühende *R. montanus*. Die Blütezeit erstreckt sich vom Spätfrühjahr bis in den Sommer, besonders dann, wenn diese Pflanzen an einem leicht feuchten, absonnigen Platz stehen. Nur für den versierten Liebhaber ist *R. glacialis*, ein Kleinod unter den Alpenpflanzen. An stark mit Schotter durchsetztem Pflanzplatz, mit stets etwas feuchtem Untergrund, ist diese Art bei intensiver Pflege zu halten. Die Mühe des Pflegeaufwandes dankt sie dann mit ihren großen, weißen Blüten, die hell bis tiefrosa überhaucht sind. Angebracht ist Pflanzerde F, im Untergrund eventuell mit Substrat M vermischt; die Bodenoberfläche ist unbedingt mit grobem Steingeröll abzudecken.

Raoulia, Schafsteppich
Flache, dichte, silberweiße Rasenpolster bildet *R. hookeri* (syn. *R. australis*) . Sie fühlt sich an sonniger Stelle zwischen Steinen sehr wohl und möchte besonders vor Winternässe geschützt werden. Die ebenfalls flachen Polster von *R. tenuicaulis* werden etwas lockerer und sind nicht ganz so silbrigweiß; dafür ist diese Art weniger nässeempfindlich. *R. glabra* bedeckt im Sommer ihre dichten, grünen Matten mit silberwolligen Blütchen. Der reizende Zwerg *R. lutescens* webt, in Substrat F, eingezwängt zwischen Steinen, kleine, dichte, graugrüne Zwergpolster.

Rosularia, Dickröschen
R. persica ist eine eigenartige, der Hauswurz ähnliche Rosettenpflanze mit dickfleischigen, schmalen, grünen Blattrosetten, deren Spitzen rötlich überlaufen sind. Wenn die Rosetten vor Winternässe geschützt werden, gedeihen die Pflanzen prächtig in Erde A und sehen besonders zwischen Steinen oder in löcherigen Kalkknollensteinen gut aus.

Saponaria, Seifenkraut
Wunderschöne, flache, dichte und grüne Polster kann *S. olivana* aufweisen, dazu eine Masse großer, fast aufsitzender, rosaroter Blüten. Sehr gut geeignet ist sie zur Ansiedlung auf Kalkknollensteinen; aber auch aus ganz schmalen Felsritzen quellen die widerstandsfähigen Polster. Herrliche, intensiv dunkelrosa Blüten besitzt die Hybride 'Bressingham Glow', die ebenfalls sehr dichte Polster bildet. Für Alpenpflanzenfreunde sind noch zu empfehlen *S. wiemannii*, die der vorigen Art ähnlich ist und rosa blüht, sowie *S. lutea* mit hellgelben Blüten. Wegen der späten Blütezeit – sie blüht fast den ganzen Sommer hindurch – ist *S. cypria* ebenfalls gern gesehen. Sie bildet zwar kein ausgesprochenes Polster, ihr Wuchs ist jedoch sehr buschig, und sie blüht reich mit großen, dunkel rosaroten Blüten. Schutz vor zu viel Winternässe ist angebracht.

Saxifraga, Steinbrech
Eine vielgestaltige Gattung, so richtig dazu angetan, den Alpenpflanzenfreund zu begeistern und jeden Miniaturfelsgarten zu bereichern! In erster Linie sind es die Formen des Rosettensteinbrechs, die in keiner

Pflanzung fehlen dürfen. Die Rosetten schließen sich zu dichten, meist kalküberkrusteten, starren Polstern, die das ganze Jahr hindurch von guter Wirkung sind. Gepflanzt wird am besten zwischen Steinen, an sonnigem bis halbschattigem Standort. Besonders gut kommen diese Rosettenpolster in den Löchern der Kalkknollensteine zur Geltung.

S. paniculata (syn. *S. aizoon*), die sich im Spätfrühjahr mit weißen Blütendolden schmückt, formiert kleinere Rosetten zu dichten Polstern. Von ihr gibt es sehr viele Formen, z.B. 'Lutea', cremegelb, 'Multipunctata', mit weißen Blüten, rot gepunktet, 'Baldensis', mit kleinen, dichten Rosettenpolstern, und 'Minutifolia' mit den allerkleinsten Rosetten.

Mit herrlichen, weißen Blütenrispen an meist braunen Stielen und größeren Rosetten aus schmalen, spateligen Blättern sind die Formen von *S. callosa* (syn. *S. lingulata*) eine Zierde jedes Alpinums: 'Superba', mit dunkelbraunen Blütenstielen – ein schöner Kontrast zu der weißen Blütenfülle, 'Latonica' mit rotpunktierten Blüten und 'Bellardi', mit sehr schmalen, länglichen Rosettenblättern.

Große Rosetten mit breit spatelförmigen Blättern entwickelt *S. cotyledon* 'Pyramidalis'. Ihre große, weiße Blütenpyramide ist zur Blütezeit im Spätfrühjahr ein besonderes Schmuckstück.

Der „König der Steinbrecharten" ist *S. longifolia*. Leider ist diese Pflanze kaum echt zu erhalten, da sie keine Nebenrosetten bildet und daher nur aus Samen vermehrt werden kann. Aus Kreuzungen mit anderen *Saxifraga*-Arten erhält man zwar ähnliche Formen, die nicht minder schön sind, doch die echte Art wird immer nur aus reinem Saatgut erzielt. Die Rosette der *S. longifolia*, eine Strahlenhalbkugel von strenger Anmut, kann sehr groß werden, 20–30 cm sind keine Seltenheit; eine prachtvolle, bis zum Grund verzweigte Blütenrispe vollendet das Bild dieser wahrhaft königlichen Art. Sie gedeiht gut in nach Osten gelegenen Felsritzen und in den Löchern von Kalkknollen- und Tuffgestein.

Zu den zeitigsten Blühern im Jahr gehören die Vorfrühlings-Steinbreche der Sektionen Kabschia und Engleria. Diese sehr zwergig wachsenden, polsterbildenden Arten entwickeln sich am besten in absonniger Lage (möglichst Ost bis Nord), in Felsritzen, besonders im Tuffgestein und in Kalkknollensteinen. Auch für Schalen und Balkonkästen sind sie gut geeignet, wenn die Gefäße etwas beschattet stehen. Mit ihren immergrünen, festen Pölsterchen und dem graziösen Flor werden sie stets kleine Schmuckstücke sein. Die wüchsigsten Arten und Formen sind unter den gelbblühenden Vertretern der Sektion Kabschia zu finden: *S. apiculata*, reichblühend, gut wachsend und anspruchslos, *S. sancta*, mit sehr dichten, starren Polstern, blüht goldgelb, ähnlich der gleichfalls sehr widerstandsfähigen *S. haagii*, *S. franzii*, sehr reichblühend, hellgelb. Orangegelb und langblühend ist die neuere Sorte 'Golden Prague'.

Von den vielen Arten und Sorten, die heute angeboten werden, seien nur noch einige wenige herausgehoben: *S. grisebachii* 'Wisley', mit roten Blüten, wirkt besonders durch die verhältnismäßig großen Rosetten. Von der weißblühenden *S. burseriana* gibt es einige gute Sorten, z.B. 'Gloria', mit dunklen Blütenstielen, 'Pilatus', schwefelgelb, und die hellgelbe 'Sulphurea'. Weiter seien genannt: 'Cranbourne', mit lilarosa Blüten, *S. irwingii*, rosarot; blutrot blüht die widerstandsfähige *S. sempervivum* (syn. *S. porophylla* var. *thessalica*). Wer einmal einen löcherigen Kalkknollenstein, bepflanzt mit den verschiedensten Saxifragen dieser Sektion, zur Blütezeit gesehen hat, der kann sich der Faszination dieser Pflanzen bestimmt nicht entziehen. Einige solcher Steine, auf der schattigen Seite mit Kabschia-Saxifragen bepflanzt, auf der Sonnenseite mit Rosettensteinbrech-Arten besetzt, solche Steine im Garten oder auch auf einer Terrasse aufgestellt – ein Erlebnis! Zwischen diesen Steinen können dann die Polster der moosartigen Steinbreche weiche, grüne Matten bilden. Allein mit ihnen können hinreißende Gartenbilder geschaffen werden. An absonnigen Stellen bildet zwischen Felsgestein *S. tricuspidata* kleine, dichte Zwergpolster, die sich mit weißen Blüten schmücken. Ebenfalls absonnig möchte *S. oppositifolia* stehen; Pflanzerde F, mit grobem Material noch durchlässiger gemacht, sagt ihr besonders zu. Die etwas lockeren, flachen Polster fühlen sich wohl, wenn die Erdoberfläche mit feinschottrigem Material abgedeckt wird. Die großen, purpurroten Blüten erscheinen im Frühjahr. Von dieser Art gibt es auch eine Reihe guter Sorten, z.B. die sehr blühwillige 'Splendens'. Für schattige Stellen zwischen Felsgestein eignet sich hervorragend das Porzellanblümchen, *S. umbrosa* 'Elliots Variety', mit zarten, rosaroten Blütenrispen; wer Freude an gelbmarmorierten Blättern hat, pflanze ihre Sorte 'Aureo-Punctata'. Spät im Herbst blüht *S. cortusifolia* var. *fortunei* an schattiger, etwas geschützter Stelle. Besonders gut wirken die weißen Blütenstände über den rubinroten Blättern der Sorte 'Rubrifolia'.

Schivereckia, Zwerggänsekresse
Eine *Arabis*-ähnliche, widerstandsfähige Polsterpflanzen-Gattung, deren Art *S. bornmuelleri* sich durch die kleinsten Zwergpolster auszeichnet. Über den dichten, graugrünen Blattpolstern erscheinen im Frühjahr zahlreiche weiße Blüten. Sie fühlt sich an fast jedem Standort wohl.

Scleranthus, Knäuelkraut
Bemerkenswert an *S. uniflorus* ist die braune Farbe seiner dichten Zwergrasenpolster. Damit können feine, belebende Kontraste zum Grün und Graugrün der übrigen Polstergesellschaft erreicht werden.

Scutellaria, Helmkraut
Die niederliegende, lockere Teppiche bildende *S. orientalis* ist als Spät- und Langblüher (Juli bis September) empfehlenswert. Die gelben, helmförmigen Lippenblüten sitzen fast auf den graufilzig behaarten Polstern auf. Auch diese Art will im Winter eher trocken stehen.

Sedum, Polstersedum, Fetthenne
Sedum-Arten sind unentbehrlich für den Steingarten. Einige eignen sich auch für alpine Miniaturgärten. Sie können, zusammen mit Hauswurz und ähnlichen Pflanzen, zwischen Steingruppen wirklich interessante Pflanzenbilder zaubern. Das gelingt vor allem *S. spathulifolium* mit seinen Sorten 'Cape Blanco' und 'Purpureum'. 'Cape Blanco' wirkt mit den silberweiß bereiften, fleischigen Blättchen und den goldgelben Blüten im Frühsommer sehr schön; 'Purpureum' ist im ganzen etwas kräftiger, die fleischigen Blätter sind purpurfarben und leicht bemehlt, die Blüten ebenfalls goldgelb. Schön ist auch *S. nevii*; sein niedriges, dichtes, rosettiges Polster ist bräunlichgrün und im Sommer ein feiner Untergrund für die weißen Blüten. Blaugrüne, dichte Zwergpolster aus kleinen,

kugeligen Blättchen, die im Sommer zartrosa Blüten tragen, bildet *S. dasyphyllum*; die Polster kuscheln sich dicht an Steine und Felsen und wirken sehr zierend. Schöne einzelne, der Hauswurz ähnliche Rosetten, die von roten Blüten überragt werden, machen das nur zweijährige *S. sempervivoides* sehr attraktiv. Nach der Blüte muß unbedingt der Samen geerntet werden, da die Rosetten danach absterben; Wiederaussaat gelingt immer gut.

Sempervivella, Himalaja-Hauswurz

Von Sommer bis weit in den Herbst hinein überzieht *S. sedoides* die niedrigen, rasigen Rosettenpolster mit weißen, sternförmigen Blüten. Schutz vor Winternässe ist angebracht. Am schönsten entwickelt sich die Pflanze unter einer Überdachung oder im Alpinenhaus.

Sempervivum, Hauswurz, Steinwurz

Diese ungemein formenreiche Gattung hält großartige Pflanzenschätze für Trog, Tischgarten und Alpinum bereit. Neben den reinen Arten gibt es eine große Reihe von Hybridsorten mit meist sehr großen Einzelrosetten. Allen gelingt es, selbst aus engsten Fugen und flachsten Mulden heraus, Rosette um Rosette aneinanderzureihen und sich ordentlich breit zu machen.
Aus dem großen, umfangreichen Sortiment seien nur einige wenige stellvertretend hervorgehoben: *S. arachnoideum* ssp. *tomentosum* hat seinen deutschen Namen „Spinnweb-Hauswurz" von dem zarten Silbergespinst, mit dem es die Rosetten überzieht. Von dieser Art gibt es eine Reihe guter Sorten, z.B. 'Minor', mit sehr kleinen Einzelrosetten, oder die wunderschöne 'Shootrolds Triumph', mit dunkel braunroten, runden und silberweiß übersponnenen Rosetten und leuchtend rosaroten Blüten. *S. blandum* hat braunrote, an der Basis olivgrüne Rosetten und purpurrosa Blüten. Sehr schöne, runde, fast kugelige Rosetten, die weißgrau behaart sind, besitzt *S. ciliosum*. Auch von *S. tectorum*, der bekannten Donner- oder Dachwurz, gibt es viele Formen, und zahlreiche gute Gartensorten mit meist großen Rosetten stammen von dieser Art ab. Davon seien nur erwähnt: 'Alpha', mit braunroten Rosetten und rosa Blüten, 'Beta', mit schön bewimperten, rotbraunen Rosetten und dunkelrosa Blüten, 'Rubin', mit intensiv rubinrot gefärbten Rosetten. Aus der Vielzahl der Arten und Sorten seien noch genannt: *S. calcareum*, mit hellgrünen Blattrosetten, deren Spitzen dunkelbraunrot sind. Die Rosetten von 'Nocturno' sind dunkel purpurbraun; 'Rheinkiesel' bildet dichte, silbrig übersponnene Rosetten.
Wer sich eingehend mit *Sempervivum* und anderen Sukkulenten beschäftigen möchte, dem sei das Buch „Freilandsukkulenten" von F. Köhlein empfohlen, das im Verlag Ulmer erschienen ist. Hier sind fast alle bekannten Arten und Sorten aufgezählt und beschrieben.

Sempervivum heuffelii siehe *Jovibarba heuffelii*

Senecio, Kreuzkraut, Greiskraut

Neben dem im Sommer prächtig orangegelb blühenden *S. tirolinensis* ist es *S. siegfriedi*, der mit schönem, silbergrauem Blatt eine alpine Pflanzung belebt. Ähnlich sind *S. ferdinandi*, mit helleren, gelben Blüten, und der silbergrau belaubte *S. suendermannii*.

Silene, Leimkraut

Wunderbar grüne und dichte Zwergmatten bildet *S. acaulis*. In alpin bepflanzten

Trögen oder Tischgärten, aber auch in Schalen und Balkonkästen möchte man sie nicht missen. Der Art selbst fehlt im Tiefland die Fülle der fast auf dem Rasenpolster aufsitzenden rosaroten Blüten, doch gibt es von ihr schon gute, willig blühende Gartenformen, z.B. 'Floribunda', in jedem Jahr ein sicherer Blüher, 'Plena', mit sehr ansehnlichen, dunkelrosa, gefüllten Blüten; 'Correvoniana', ebenfalls gefüllt, blüht heller. Neben den in verschiedenen Rosatönen blühenden Formen gibt es auch die weißblühende 'Alba'.
Alle gedeihen gut an sonniger oder etwas beschatteter Pflanzstelle, eingebettet zwischen Steinen, in durchlässiger Erde. Für den anspruchsvollen Alpenpflanzenfreund sei noch die sehr zwergige Sorte *S. acaulis* 'Excapa' erwähnt. Bei ihr sitzen die rosaroten Blüten ganz dicht auf dem Zwergpolster.

Soldanella, Alpenglöckchen, Troddelblume
So schön die Soldanellen mit ihren gefransten lila Blütenglöckchen kurz nach der Schneeschmelze in den Alpen blühen, so wenig Glück hat man meist im Garten mit ihnen. Nur an schattigen und etwas feuchten Stellen, am besten in Erde M, eventuell vermischt mit F-Erde, gedeiht die violettblaue *S. montana* leidlich und kommt auch zur Blüte. *S. alpina* ist etwas zarter; ihre lilablauen, feinen Fransenglöckchen erscheinen noch früher.

Solidago, Goldrute
Spät im Früherbst erfreut uns die sehr zwergige, niedrigbleibende, goldgelb blühende *S. minutissima*. Kaum 2–3 cm hoch recken sich die Blütenbüschel der Herbstsonne entgegen. Schon die späte Blütezeit macht uns diese Pflanze begehrenswert. Sie wächst willig und gedeiht auch gut in Schalen und Balkonkästen.

Talinum
Sehr gut macht sich zwischen Hauswurz (*Sempervivum*), Dickröschen (*Rosularia*) und Nabelwurz (*Orostachys*) die winzigkleine, mattenbildende Sukkulente *T. okanoganense*. Die weißen, trichterförmigen Blütchen erscheinen im Spätsommer. Gegen Winternässe empfindlich; gut geeignet für das Alpinenhaus.

Teucrium, Gamander
T. montanum, der im Sommer gelb blühende Felsgamander unserer Alpen, breitet an durchlässigem Standort graufilzige, rasige Matten aus. Wie alle anderen Formen gedeiht er gut an sonnigen Stellen, geschützt vor allzu starker Winternässe. Besonders schöne, graufilzige, niedere Matten aus rundlichen Blättern hat das rosa blühende *T. mussimonum*; *T. pyrenaicum* blüht im Sommer hellgelb und bildet ebenfalls dichte Zwergmatten.

Thalictrum, Wiesenraute
Die Vertreter dieser Gattung sind fast alle interessante, schattenliebende Stauden für größere Pflanzungen. Ihr einziger wirklicher Zwerg, *T. kiusianum*, stammt aus Japan, bleibt sehr niedrig und öffnet im Sommer die federigen, lila Blütenstände. In humosem Boden – Erde M oder mit Torf vermischte Erde A – gedeiht diese Zwergart gut an etwas schattiger Stelle.

Thlaspi, Täschelkraut, Hellerkraut
T. montanum, der robusteste Vertreter dieser Gattung, schmückt im Frühjahr die dichten Blattpolster mit niedrigen, weißen Blütentrauben. Wesentlich mehr Aufmerksamkeit bei der Pflanzung und der

Pflege benötigt *T. rotundifolium*. Ein mit Grobschotter durchlässig gemachter Boden sagt ihm besonders zu; F-Erde sollte die Grundlage dazu sein. Die Bodenoberfläche muß ebenfalls mit Feingeröll abgedeckt werden. Zwischen diesem Geröll entfalten sich über den rosettigen Polstern im Spätfrühjahr die violetten Blüten. Die gleichen Bodenansprüche stellt *T. stylosum*, das schon zeitig im Frühjahr über den Zwergpolstern die lila Blüten öffnet. Für beide Arten gilt: unbedingt Schutz vor Winternässe und etwas halbschattiger Standort; sie dürfen während der Wachstumsperiode nicht zu trocken stehen.

Townsendia, Felsenmargerite
Reizvolle Pflanzenschönheiten, besonders für Miniaturfelsgärten, Tröge und Schalen, hat diese Gattung aus den Gebirgen Nordamerikas anzubieten. Bei *T. formosa* und *T. grandiflora* sitzen die asterartigen, violett- oder purpurblauen Blüten auf kurzen Stengeln und blühen im Frühsommer über schmalen Laubrosetten. *T. parryi* zeigt im Sommer große lila Blüten auf derbem Stiel. *T. wilcoxiana* besitzt ganz kurz gestielte, violette Blüten mit großer, gelber Mittelscheibe, die im Sommer über den spatelförmigen Blattrosetten stehen. Die zwergigste Art ist *T. rothrockii*; bei ihr sitzen die lilarosa „Asternblüten" ganz dicht auf den Blattrosetten. Alle diese Arten verlangen Schutz vor Winternässe und sind meist nicht sehr langlebig. Doch lohnt es sich, diese reizenden Felskinder durch Nachzucht aus Samen immer wieder neu anzusiedeln.

Trachelium, Halskraut
Eine willkommene Sommerblüte bringt *T. jacquinii* (syn.*T. rumelianum*) mit lilablauem Flor. Ein genügsamer Geselle, der mit seinen Trieben gerne auf dem Gestein lagert.

Trollius, Trollblume
T. pumilus, die niedrige, goldgelb blühende Zwergart, eignet sich gut für beschattete Tröge oder feuchtere Stellen im Felsgarten. Die schalenförmigen Blüten erscheinen im Frühsommer auf kurzen Stielen.

Tunica siehe *Petrorhagia*

Valeriana, Baldrian
V. supina schmückt im Frühsommer die schönen, grünen Zwergrasenpolster mit lilarosa Blütendolden. Niedriger sitzen die roten Blüten von *V. suendermannii*. Beide Arten gedeihen gut an sonnigen Pflanzstellen. Der Echte Speik, *V. celtica*, verlangt einen sehr humosen Pflanzplatz, möglichst in sandiger Erde M. Auch darf die Pflanzstelle nicht zu sonnig sein, ein absonniger Standort nach Ost oder Norden ist unbedingt erforderlich.

Verbascum, Königskerze
Von all den *Verbascum*-Arten kommt für Miniaturgärtchen nur *V. dumulosum* in Betracht. Der ideale Pflanzort ist das Alpinenhaus oder ein Trog, der unter einer Überdachung steht, so daß die Feuchtigkeit nach Bedarf reguliert werden kann. Das absolute Freihalten von Winterfeuchtigkeit und ein sonniger, warmer Stand ist die unabdingbare Voraussetzung für ein gutes Gedeihen. Dann erscheinen im Sommer an den graufilzigen, niedrigen Büschen die großen, gelben Blüten in reicher Zahl.

Veronica, Ehrenpreis
Innerhalb der sehr vielgestaltigen Gattung findet sich eine ganze Anzahl von zwergi-

gen, alpinen Formen, die sich zur Anpflanzung alpiner Miniaturgärten eignen.
V. armena ist eine violettblaue, reichblütige, widerstandsfähige Art; sie und ihre rosarote Sorte 'Rosea' blühen im Frühjahr. *V. satureioides* schmiegt sich mit lockeren, immergrünen Polstern dicht an das Gestein und blüht im Frühsommer azurblau; ebenfalls glänzendgrüne, noch dichtere Polster besitzt ihre Sorte 'Kellereri'. Ein herrliches Bild, wenn die Polster sich über einen Trog oder einen Felsen lagern! Schöne, flache Blattpolster bildet *V. schmidtiana*, die im Sommer blau blüht.
In engen Fugen, noch besser in den Löchern von Kalkknollensteinen oder im Tuffgestein fühlt sich *V. caespitosa* wohl und schickt dort dichte Zwergpolster wolligbehaarter Blättchen hervor; die leuchtendblauen, fast sitzenden Blüten erscheinen zeitig im Frühjahr. Eine gut dränierte, durchlässige Erde F, die Schutz vor Feuchtigkeit im Winter bietet, ist Voraussetzung für ihr Gedeihen. Im Alpinenhaus entwikkelt sie sich zu ihrer vollen Schönheit.

Veronica bonarota siehe *Paederota*

Vitaliana, Goldprimel
Zwischen Steinen bildet *V. primuliflora* ssp. *praetutiana* (syn. *Douglasia vitaliana* ssp. *praetutiana*) dichte, feste, silbergraue Polster; darüber leuchten im Spätfrühjahr die goldgelben Blüten. Ihre Sorte 'Tridentata' entwickelt ein eher grünes Polster; graugrün und fest ist das von 'Gaudinii'. Alle fühlen sich wohl in durchlässiger Erde A oder F.

Wulfenia, Wulfenie, Kuhtritt
Neben *W. carinthiaca,* dem „Kärntner Kuhtritt", sind die zierlicheren *W. baldaccii* und *W. amherstiana* zu empfehlen. Durch reichen Flor zeichnet sich *W. suendermannii* aus. Gemeinsam sind ihnen die violettblauen Blütentrauben. Alle Wulfenien fühlen sich an beschatteten Plätzen in frischem, humosem, aber durchlässigem Boden recht wohl und gedeihen gut.

e Gräser

Während in einem größeren Steingarten Gräser eine Pflanzung wohltuend auflokkern können und so eine besondere Note der Gestaltung bilden, können für alpine Miniaturgärten nur wenige Arten empfohlen werden. In Balkonkästen oder in Kübeln, die mit einigen Zwergnadelgehölzen bepflanzt sind, passen durchaus schon einmal einige Blauschwingel (*Festuca glauca*), noch besser die schwachwüchsigere *F. valesiaca* 'Glaucantha'. In eine ausgesprochen alpine Bepflanzung fügen sich im allgemeinen nur einige kleinbleibende Arten ein, die nicht durch einen zu üppigen Wuchs oder gar durch zu starke Selbstaussaat lästig werden.
Alopecurus lanatus, das Fuchsschwanzgras, besitzt weißfilzige Blättchen und wirkt durch den zottigen Wuchs sehr eigenartig. *Carex firma*, die Alpensegge, bildet kleine, dichte und grüne Horste und ist als Zwischenpflanzung bei Gebirgs- und Alpenpflanzen sehr brauchbar. *C. ornithopoda* bleibt nicht ganz so klein; die Form 'Variegata' wirkt jedoch durch die weißbunten, schmalen Blätter sehr schön. *Poa alpina*, das Alpenrispengras, mit der Varietät *vivipara* ist eine elegante und interessante Erscheinung, da an den Spitzen der Halme junge Pflänzchen gebildet werden. Die meisten anderen Arten werden für die Bepflanzung von Miniaturgärten zu üppig und bleiben größeren Pflanzungen vorbehalten.

f Farne

Unter den Farnen gibt es eine ganze Reihe von Zwergformen, die meist an absonniger Stelle eines Miniaturgartens empfehlenswert sind. Sei es nun ein Balkonkasten an schattigem Ort, ein beschatteter Trog oder die absonnige Seite eines Felsgärtchens – in Pflanzerde A, die zusätzlich noch mit Torf vermischt ist, gedeihen diese kleinen Farne recht gut.

Von *Asplenium*, dem Streifenfarn, fühlt sich *A. ruta-muraria*, die Mauerraute, sowohl an schattigen wie auch an sonnigen Stellen zwischen Steinen und in Felsspalten wohl. *A. trichomanes*, die Steinfeder, wirkt mit seinen dunkelgrünen Wedeln, die wintergrün die kalte Jahreszeit überdauern. Der Rippenfarn (*Blechnunm spicant*) bildet mit seinen wintergrünen Wedeln meist flache Rosetten. *Ceterach officinarum*, der Schriftfarn, fühlt sich auch noch in sonnigen Felsspalten wohl und kann, wenn die Pflanze erst einmal eingewachsen ist, dort auch längere Trockenperioden gut überdauern. Bei *Cystopteris fragilis,* dem Gebirgsblasenfarn, sind die Wedel doppelt gefiedert; er gedeiht gut zwischen beschatteten Felspartien. Sehr brauchbar sind auch die vielen Formen der Hirschzunge (*Phyllitis scolopendrium*), mit vielgestaltigen, lederigen und immergrünen Blättern. Ein trockener Stand sagt dieser Pflanze weniger zu. *Polypodium vulgare*, die „Engelsüß" genannte Art des Tüpfelfarns, wächst am liebsten in Pflanzerde M; er besitzt immergrüne fiederteilige Blattwedel. Von *Polystichum*, dem Schildfarn, der meist eine stattliche Größe erreicht, ist für einen Miniaturgarten besonders der Lanzenfarn, *P. lonchitis*, zu empfehlen. Er hat dunkelgrüne, starre, einfach gefiederte Wedel, die ebenfalls wintergrün sind.

3 Stauden-Suchlisten

Die Suchlisten enthalten die Namen der in den Beschreibungen behandelten Stauden. Sie sind in drei Kategorien eingeteilt, nämlich in Steingartenstauden, Gebirgspflanzen, Felspflanzen, und unter diesen Rubriken einem bestimmten Zweck oder Standort zugeordnet. Damit soll der Leser zu den für seine Absichten bestgeeigneten Pflanzen hingeführt und zur selbständigen Zusammenstellung seiner Bepflanzung angeregt werden. Besonders empfehlenswerte Arten und Sorten sind mit Sternchen * gekennzeichnet.

a Dekorative Steingartenstauden

Acaena buchananii
– *microphylla*
Alyssum montanum 'Berggold'
– *saxatile*
– – 'Citrinum'
– – 'Compactum'*
– – 'Duddley Neville'*
– – 'Plenum'
Androsace primuloides
Antennaria tomentosa hort. s. *A. dioica* var. *borealis*
– *dioica* var. *borealis**
– – 'Nywood'
– – 'Rubra'
Arabis caucasica 'Plena'
– – 'Schneehaube'
Armeria maritima 'Düsseldorfer Stolz'
Aster alpinus
– *dumosus* 'Nesthäkchen'*
Aubrieta-Hybriden*

Campanula carpatica 'Blaue Clips'
– – 'Karpatenkrone'
– – 'Weiße Clips'
– *poscharskyana* 'Blauranke'*

Carlina acaulis
Cerastium tomentosum var. *columnae**
Chrysogonum virginianum

Dianthus allwoodi
– *caesius* s. *D. gratianopolitanus*
– *gratianopolitanus** und Formen

*Euphorbia myrsinites**

Gentiana acaulis 'Dinarica'
– *septemfida* var. *lagodechiana**
Gypsophila repens 'Rosenschleier'

Helianthemum chamaecistus s. *H. nummularium*
– *nummularium*
– – 'Zonatus'*
– 'Sterntaler'
Heliosperma alpestre s. *Silene alpestris*

Iberis saxatilis
– *sempervirens*
Inula ensifolia 'Compacta'

*Minuartia laricifolia**

Oenothera missouriensis

Phlox subulata in Sorten*
Potentilla aurea 'Goldklumpen'
– – ssp. *chrysocraspeda*
– *ternata* s. *P. aurea* ssp. *chrysocraspeda*

Saponaria ocymoides
Saxifraga-Arendsii-Hybriden in Sorten
– *hypnoides* var. *egemmulosa**
– *muscoides* 'Findling'
Sedum cauticolum
– *floriferum* 'Weihenstephaner Gold'*
– *kamtschaticum* 'Fol. Var.'
– *spurium* 'Coccineum'*
Sempervivum, alle großrosettigen Arten und Sorten*
Silene alpestris 'Pleniflorum'*
– *schafta* 'Splendens'*

Thymus praecox var. *pseudolanuginosus**
– *pseudolanuginosus* s. *T. praecox* var. *lanuginosus*
– *serpyllum* 'Coccineum'

Veronica prostrata
– – 'Alba'

Wulfenia carinthiaca

b Gebirgspflanzen

Leicht gedeihende und widerstandsfähige Arten und Sorten für alpin gestaltete Schalen, Balkonkästen, Troggärten und dergleichen.

Für sonnige Lage, überwiegend für Pflanzerde A.

Achillea ageratifolia
– × *kellereri**
– *wilczeckii*
Aëthionema grandiflorum
– *warleyense*
– – 'Warley Rose'*
– – 'Warley Rubrum'*
Alopecurus lanatus
*Alyssum moellendorfianum**
– *montanum* 'Berggold'
Anacyclus depressus
Androsace primuloides
– *sarmentosa* mit allen Formen
– *sempervivoides**
Andryala agardhii
Anemone × *lesseri*
– *narcissiflora*
*Anthemis biebersteiniana**
Arabis androsacea
– *scopoliana*
*Arenaria ledebouriana**
– *montana* 'Grandiflora'
– *tetraquetra*

Armeria caespitosa s. *A. juniperifolia*
– *juniperifolia**
– *suendermannii*
Artemisia schmidtiana 'Nana'*
Asperula cynanchica
– *lilaciflora* 'Caespitosa'*
Asplenium ruta-muraria
Aster natalense
Azorella trifurcata

Callianthemum anemonoides
– *coriandrifolium*
*Campanula cochleariifolia**
– *garganica*
– *portenschlagiana* 'Birch Hybrid'*
– *pusilla* s. *C. cochleariifolia*
Carex firma
– *ornithopoda*
– – 'Variegata'
Ceterach officinarum
*Chrysanthemum weyrichii**
Codonopsis clematidea
– *meleagris*
– *ovata*
Cymbalaria muralis 'Globosa Rosea'

Dianthus alpinus
– *arenarius*
– *gratianopolitanus* 'Blaureif'*
– – 'Compactus'*
– 'La Bourbrille'
– *neglectus* s. *D. pavonicus*
– *noëanus* s. *D. petraeus* ssp. *noëanus*
– *pavonicus*
– *petraeus* ssp. *noëanus**
– *simulans**
– *sylvestris*
Dodecatheon meadia
– *pauciflorum* s. *D. meadia*
– 'Red Wings'
Douglasia s. *Vitaliana*
Draba aizoides
– *bruniifolia**
– – var. *diversifolia**
– *lasiocarpa*
– *olympica* hort. s. *D. bruniifolia*
– – (Sibth.) non hort.*
– *suendermannii*
Dryas drummondii
– *octopetala*
– × *suendermannii**

*Edraianthus dinaricus**
– *graminifolius*
– *tenuifolius*
Erigeron aurantiacus
– *leiomerus**
Erinus alpinus 'Albus'
– – 'Dr. Hähnle'*
Eriogonum jamesii
– *racemosum*
– *umbellatum*
Euphorbia capitulata
Euryops evansii

Festuca glauca
– *valesiaca* 'Glaucantha'

Galium baldense
Gentiana acaulis und Formen
– *decumbens*
– *kurroo*
– *septemfida* 'Doeringiana'*
– – 'Erecta'
Geranium cinereum 'Ballerina'
– *dalmaticum*
– – 'Album'
– *subcaulescens* 'Splendens'*
*Geum montanum**
*Globularia cordifolia**
– *lindavica*
Gymnandra s. *Lagotis*
Gypsophila cerastioides
– *tenuifolia**

Helianthemum alpestre s. *H. oelandicum* ssp. *alpestre*
– *canum*
– *oelandicum**

H. oelandicum ssp. *alpestre*
– – – 'Serpyllifolium'
– *scardicum*
Hieracium bombycinum
– *villosum**
*Hippocrepis comosa**
Hutchinsia alpina
– – ssp. *auerswaldii*
– *auerswaldii* s. *H. alpina* ssp. *auerswaldii*

*Iberis saxatilis**
Incarvillea mairei mit Sorten
*Iris cristata**
– *danfordiae*
– *lacustris**
– *reticulata*

Jovibarba heuffelii

Lagotis stolonifera
Leontopodium alpinum und Formen
– – 'Alpengarten'*
– *himalayanum*
– *palibinianum*
– *souliei**
– – 'Mignon'*
– *stracheyi*
Linaria alpina
– – 'Rosea'
– *cymbalaria* s. *Cymbalaria*
Linum alpinum s. *L. perenne* ssp. *alpinum*
– *perenne* ssp. *alpinum**
Lotus corniculatus 'Plenus'*

Marrubium supinum
Micromeria croatica
– *microphylla*
Minuartia graminifolia
– *laricifolia**
Moltkia × intermedia
– *petraea*

Ononis cenisia s. *O. cristata*
– *cristata*
*Onosma albo-rosea**
– *stellulata*
Orostachys spinosus

Papaver alpinum
*Petrophytum caespitosum**
Petrorhagia saxifraga
– – 'Plena'
Phlox douglasii
– – 'Eva'
– – 'Hybrida'*
Phyteuma scheuchzeri
– *sieberi*
*Plantago nivalis**
Poa alpina var. *vivipara*
Potentilla clusiana
– *crantzii*
– *fragiformis**
– *nitida*
– *speciosa*
Pterocephalus parnassii s. *P. perennis* ssp. *perennis*
– *perennis* ssp. *perennis*
Ptilotrichum spinosum
– – 'Rubrum'
Pulsatilla vulgaris mit Sorten*

Ranunculus gramineus
*Raoulia glabra**
– *tenuicaulis*
Rosularia persica

Saponaria 'Bressingham Glow'
– *cypria*
– × *olivana*
– × *wiemannii*
Saxifraga aizoon s. *S. paniculata*
– *callosa** mit Formen
– *cotyledon* 'Pyramidalis'*
– *lingulata* s. *S. callosa*
– *paniculata* mit Sorten*
– *tricuspidata*
Schivereckia bornmuelleri
Scutellaria orientalis

Sedum dasyphyllum
– *nevii*
– *spathulifolium*
– –'Cape Blanco'*
– – 'Purpureum'*
Sempervivella sedoides
Sempervivum, alle Formen und kleinrosettigen Sorten
– *heuffelii* s. *Jovibarba heuffelii*
Senecio tiroliensis
*Silene acaulis mit Formen**
Solidago minutissima

Teucrium montanum
Thlaspi montanum
Townsendia formosa
– *grandiflora*
Trachelium jacquinii
– *rumelianum* s. *T. jacquinii*
Tunica s. *Petrorhagia*

Valeriana × suendermannii
– *supina*
Veronica armena
– – 'Rosea'*
– *satureioides*
– – 'Kellereri'*
– *schmidtiana**
Vitaliana primuliflora ssp. *praetutiana*
– – 'Tridentata'
– – 'Gaudinii'

Gebirgspflanzen für schattige Lage, überwiegend für Pflanzerde A, teilweise mit Torf vermischt.

Aquilegia akitensis s. *A. flabellata*
– *caerulea* 'Biedermeier'*
– *canadensis*
– *einseleana*
– *flabellata* 'Mini Star'
– – 'Nana'
– *glandulosa*

Asplenium ruta-muraria
– *trichomanes*

Blechnum spicant

*Campanula cochleariifolia**
– *garganica*
– *portenschlagiana* 'Birch Hybrid'*
– *pusilla* s. *C. cochleariifolia*
Ceterach officinarum
Chiastophyllum oppositifolium
Cyclamen europaeum s. *C. purpurascens*
– *hederifolium*
– *linearifolium* s. *C. hederifolium*
– *neapolitanum* s. *C. hederifolium*
– *purpurascens*
Cystopteris fragilis

Gentiana farreri
– × *macaulayi* mit allen Sorten*
– *sino-ornata*

Haberlea rhodopensis
– – 'Viminalis'
*Horminum pyrenaicum**

Mentha requienii

Nierembergia repens

Phyllitis scolopendrium, Formen und Sorten
Polypodium vulgare
Polystichum lonchitis
*Primula auricula**
– – var. *albo-cincta*
– *clusiana**
– *spectabilis*
– *vialii*
– *wulfeniana*

Ramonda myconi
– *nathaliae*

Saxifraga cortusifolia var. *fortunei*
– – 'Rubrifolia'

Saxifraga umbrosa 'Aureo-Punctata'*
– – 'Elliot's Variety'*
Soldanella montana

Trollius pumilus

Wulfenia amherstiana
– *baldaccii*
– × *suendermannii*

c Felspflanzen

Benötigen aufmerksame Pflege und sind zu ihrem Gedeihen darauf angewiesen, daß die Anleitungen und Hinweise im Kapitel „Pflege" und in den Beschreibungen befolgt werden.

Für sonnige bis leicht beschattete Lage, überwiegend für Pflanzerde F oder sandige Erde A, vermischt mit Bimskies oder ähnlichem Material.

*Acantholimon glumaceum**
– *graminifolium*
– *olivieri*
Achillea clavennae
– *umbellata*
Aëthionema oppositifolium
Androsace chamaejasme
– *foliosa*
– *helvetica*
– *imbricata*
– *lanuginosa* 'Leichtlinii'*
– *pyrenaica**
– *strigillosa*
– *villosa**
– – var. *arachnoidea*
Anemone alpina s. *Pulsatilla alpina*
Anthemis barrelieri
Arabis pumila
– *vochinensis*
Arenaria purpurascens
– *sajanensis*
Artemisia assoana
– *laxa* s. *A. umbelliformis*
– *nitida*
– *umbelliformis**
*Asperula arcadiensis**
– *nitida**
– *pontica*
*Astragalus angustifolius**
– *monspessulanus*

Chrysanthemum alpinum

*Dianthus microlepis**
– *musalae**
Draba mollissima
– *polytricha*

*Edraianthus pumilio**
– *serpyllifolius*
– – 'Albo-Violacea'
Erigeron radicatus
Erodium chamaedryoides s. *E. reichardii*
– *cheilanthifolium* s. *E. petraeum* ssp. *crispum*
– *chrysanthum*
– *petraeum* ssp. *crispum**
– *reichardii*
– – 'Plenum'
– – 'Roseum'
– *sibthorpianum*

Galium incanum
– *olympicum*
Gentiana bavarica
– *verna*
Globularia nana s. *G. repens*
– *repens*
*Gypsophila aretioides**
– – 'Caucasica'

Helianthemum lunulatum
Helichrysum frigidum
– *milfordiae**
– *sibthorpii*
– *virgineum* s. *H. sibthorpii*

Iberis candolleana
– *pygmaea*
Incarvillea mairei 'Bees Pink'
– – 'Frank Rudlow'
– – 'Nyoto Sama'
Iris japonica

Leontopodium alpinum
– – 'Alpengarten'*
– – *vera**
Lewisia cotyledon und Formen*
– – var. *howellii*
– *heckneri**
– *nevadense*
– *rediviva*
– *tweedyi*
Linum capitatum
– *viscosum*

Meconopsis betonicifolia
– *horridula*
– *napaulensis*
– *paniculata*
Minuartia subnivalis

Opuntia humifusa
– *phaeacantha* var. *camanchica*
– *rhodantha*
Origanum amanum
– *laevigatum**

Paederota bonarota
Papaver alpinum
– – 'Burseri'
– – 'Kerneri'
– – 'Rhaeticum'
Physoplexis comosa
Phyteuma s. *Physoplexis*
Polygala chamaebuxus
– – 'Grandiflora'*
– *vayredae*
Pulsatilla alpina
– – 'Sulphurea'

Ranunculus alpestris
– *glacialis*
– *montanus**
Raoulia australis s. *R. hookeri*
– *hookeri**
– *lutescens*

Saponaria lutea
Saxifraga longifolia
Scleranthus uniflorus
Sedum sempervivoides
Senecio ferdinandi
– *siegfriedi*
– *suendermannii*
Soldanella alpina

Talinum okanoganense
Teucrium mussimonum
– *pyrenaicum*
Thalictrum kiusianum
Townsendia parryi
– *rothrockii*
– *wilcoxiana*

Valeriana celtica
Verbascum dumulosum
Veronica bonarota s. *Paederota bonarota*
– *caespitosa*

Felspflanzen für schattige Lage, Erde F.

Calceolaria biflora
– *polyrrhiza*
*Campanula cashmiriana**
– *excisa*
– *morettiana*
– *zoysii*
Cyclamen coum
– – 'Album'

Primula capitata ssp. *mooreana*
– *farinosa*
– *hirsuta*
– *marginata* mit Sorten*

Saxifraga × *apiculata**
– *burseriana*

Saxifraga burseriana 'Gloria'
– – 'Pilatus'
– – 'Sulphurea'
– – 'Cranbourne'
– *franzii*
– 'Golden Prague'
– *grisebachii* 'Wisley'
– × *haagii**
– *irwingii*
– *oppositifolia*
– – 'Splendens'
– *porophylla* var. *thessalica* s. *S. sempervivum*
– *sancta**
– *sempervivum*

Thlaspi rotundifolium
– *stylosum*

Dominierend in dieser Schale ist, neben einigen interessant geformten Steinen, eine Zwerg-Zuckerhutfichte, *Picea glauca* 'Laurin'. An der nach Süden gerichteten Ansichtsseite (Vorderseite) legen sich ein kleinbleibender Zwergginster, *Genista villarsi,* sowie das von Spätsommer bis weit in den Herbst blühende *Sedum sieboldi* über den Rand. Dazwischen bildet der im Frühjahr blühende Stengellose Enzian, *Gentiana acaulis* 'Dinarica', grüne Polster, und vor der Zuckerhutfichte schmückt sich im Frühsommer die überreich blühende, dabei gleichmäßig niedrig bleibende Edelweißsorte *Leontopodium alpinum* 'Alpengarten' mit weißen Blütensternen. Am Rand bildet *Silene acaulis* 'Floribunda', die reichblühende Form des Alpenleimkrauts, ein dichtes, grünes Zwergpolster. *Potentilla argyrophylla,* ein schon vom Blatt her interessantes Fingerkraut aus dem Himalaja, wirkt sehr dekorativ; daneben blüht fast den ganzen Sommer hindurch *Petrorhagia saxifraga* 'Plena' mit zierlicher, rosaroter Blütenfülle.

Zwischen den Steinen und der geschlossenen, aufstrebenden Gestalt der Zuckerhutfichte besteht eine harmonische, vielleicht etwas strenge Beziehung, der die Auflockerung der dichten, gleichmäßigen Polster durch Pflanzen von freierem Wuchs einen besonderen Reiz hinzufügt.

In dieser Schale betont ein Zwergwacholder, *Juniperus squamata* 'Loderi', den Hintergrund. Fast in der Mitte schmiegen sich an einige interessante Steine die sehr großen, grün-roten Rosetten von *Sempervivum* 'Sponnier'; über den Rand fallen die grauen Polster des Zwergsonnenröschens, *Helianthemum scardicum.* Auf der gegenüberliegenden Seite überwuchert *Globularia cordifolia,* die Felskugelblume, mit dichtem Zwergpolster den Rand, und im Vordergrund bildet *Dianthus simulans,* eine kleinbleibende Felsnelke, dichte Polster.

Die Beschränkung auf wenige, dafür in mehreren Exemplaren verwendete Arten gibt dieser Gestaltung etwas Ruhiges, Großzügiges; dadurch treten die schönen Formen der Steine plastischer hervor.

4 Pflanzbeispiele für Schalen, Balkonkästen und Tröge

Einige Beispiele sollen bei der Auswahl und der Zusammenstellung der in Betracht kommenden Pflanzenschätze Anregung sein, Tröge, Balkonkästen und Schalen dauerhaft zu bepflanzen. Selbstverständlich können die Beispiele jederzeit individuell abgeändert und auf die Bedürfnisse und den Geschmack des einzelnen abgestimmt werden. Immer kommt es darauf an, das richtige, harmonische Verhältnis zwischen den Kleingehölzen und den Gebirgs- und Alpenpflanzen zu treffen. Die Vorschläge sind nicht am grünen Tisch erdacht; sie haben in der Praxis ihre Bewährungsprobe bestanden – im „Alpengarten Pforzheim" gedeihen diese Zusammenstellungen schon jahrelang.

Ihr naturhafter Charakter wird fast durchweg durch Steine, ja durch hochgebaute alpine Erhebungen oder durch Wurzelknorren betont. Diese bekamen in den sehr plastischen Zeichnungen keine eigene Markierung.

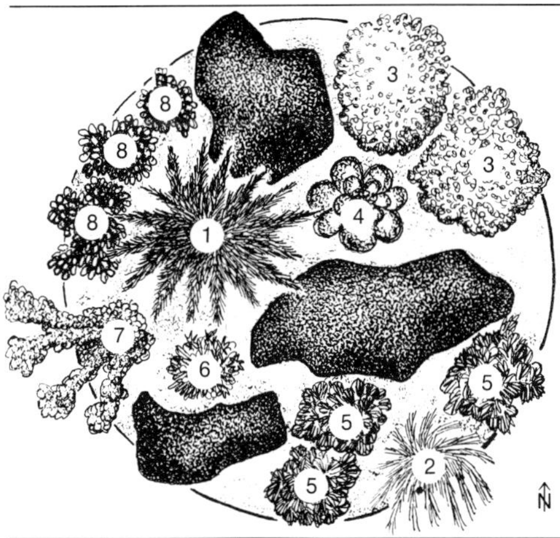

Schale, sonniger Standort. Pflanzerde A. Durchmesser 40 cm, Tiefe 12 – 14 cm.

1 *Picea glauca* 'Laurin'
2 *Genista villarsii*
3 *Petrorhagia saxifraga* (syn. *Tunica saxifraga*) 'Plena'
4 *Potentilla argyrophylla*
5 *Gentiana acaulis* 'Dinarica'
6 *Leontopodium alpinum* 'Alpengarten'
7 *Sedum sieboldii*
8 *Silene acaulis* 'Floribunda'

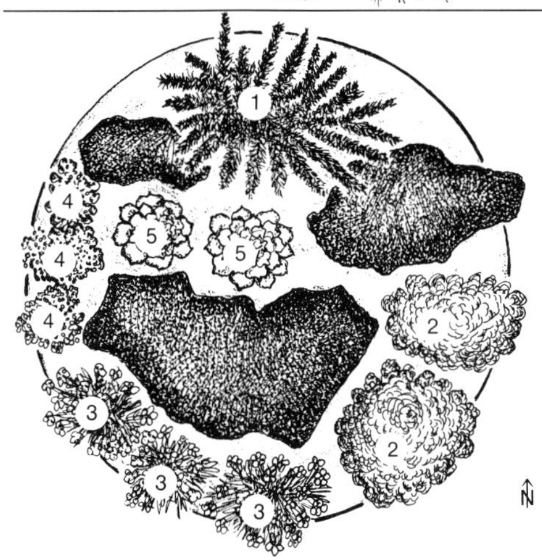

Schale, sonniger Standort. Pflanzerde A. Durchmesser 40 cm, Tiefe ca. 15 cm.

1 *Juniperus squamata* 'Loderi'
2 *Helianthemum scardicum*
3 *Dianthus simulans*
4 *Globularia cordifolia*
5 *Sempervivum* 'Sponnier'

Bei der Gestaltung dieser Schale sind einige besonders ausdrucksvolle Steine wichtig. Zwischen diesen bildet die Zwerg-Blauigelfichte, *Picea glauca* 'Echiniformis', eine niedrige, runde und blaubenadelte Kugel. Über den vorderen Rand lagern sich ein grüner Zwergwacholder, *Juniperus sabina* 'Skandia', daneben das dunkelgrüne Zwergpolster von *Helianthemum oelandicum,* ein im Frühsommer gelbblühendes Zwergsonnenröschen. Zwischen Stein und Rand schmiegen sich anschließend die silbrigweißen Rosetten von *Saxifraga paniculata* mit der rotpunktiert blühenden Form 'Balcana'. Ebenfalls zwischen Stein und Rand bildet die Goldprimel *Vitaliana primuliflora* mit der Form 'Tridentata' ganz dichte Zwergpolster, die sich im Frühjahr mit goldgelben Blüten schmücken. An der gegenüberliegenden Seite läßt *Veronica satureioides* 'Kellereri' die grünen Polster über den Rand hängen; im Spätfrühjahr sind die Triebe mit blauen Blüten übersät. Daneben breitet sich *Sempervivella sedoides* aus, und der Leberbalsam, *Erinus alpinus* 'Dr. Hähnle', bildet zur Blütezeit im Frühjahr kleine, karminrote Blütenbüsche. Am oberen (hinteren) Rand streckt im Spätfrühjahr *Edraianthus tenuifolius,* die Büschelglocke, ihre gestielten, blauen Blütenbüschel über die Schale.

Das Besondere an dieser Schale ist ein Zwerg-Blauzederwacholder, *Juniperus squamata* 'Blue Star', der an den Rand gesetzt wird. Diese Pflanze kann ruhig schon etwas älter sein und sollte keinen besonders gleichmäßigen Wuchs aufweisen; je interessanter gewachsen, desto besser. Davor bildet, zwischen einigen Steinen, *Saxifraga callosa* 'Superba' schmalblättrige, silberne Rosettenpolster, die sich im Frühjahr mit herrlichen, weißen Blütenrispen schmükken. Im Vordergrund zwischen Stein und Schalenrand breitet sich die Felsnelke *Dianthus* 'La Bourbrille' aus. Im Spätfrühjahr erscheinen die auf den blaugrünen Polstern fast aufsitzenden großen, rosa Blüten. Daneben streckt ein Zwergginster, *Cytisus decumbens,* seine Triebe über den Rand; das niedrige Sträuchlein ist im Frühjahr mit goldgelben Blüten übersät. *Scutellaria orientalis*, die unmittelbar daneben ihre weißgrauen Polster über die Schale wachsen läßt, blüht erst im Spätsommer gelb. Im Hintergrund neben dem Zwerg-Blauzederwacholder bildet *Globularia cordifolia* dichte, grüne Zwergpolster; eng zwischen Stein und Schalenrand geklemmt, wirkt *Helichrysum milfordiae* silbrigweiß, dichte Polster. Die grünen Polster von *Silene acaulis* 'Plena', der gefülltblühenden Form des Alpenleimkrauts, schließen sich an und umfließen den Stein. Daneben überlagert *Helianthemum canum* den Rand der Schale.

In dieser Schale bildet die kugelige Zwergform der Zuckerhutfichte, *Picea glauca* 'Alberta Globe', unterstützt durch einige Steine, einen besonderen Akzent. In ihrem Schatten gedeiht *Gentiana × macaulayi,* ein herbstblühender Enzian. Auf der besonnten Vorderseite webt *Silene acaulis* 'Correvoniana' dichte Polster mit rosaroten, gefüllten Blüten. Zwischen Steinen und Zwergfichte blüht ein Zwergedelweiß, *Leontopodium souliei* 'Mignon', und der Rosettensteinbrech *Saxifraga fritschiana* schmückt seine kalküberkrusteten Polster mit weißen Blütenrispen. Die spätblühende, weiße Nelke *Dianthus petraeus* ssp. *noëanus* bildet am Rand dichte Polster, und die ganz niedrig wachsende Netzweide *Salix reticulata* wirkt zwischen Stein und Schalenrand allein schon durch die schönen Blätter.

Das Wechselspiel von Stein und Pflanze ist hier besonders anmutig und lebhaft; zu verdanken ist das den durchweg dichten, zwergigen Polstern, die den Rand der Schale säumen und die Steine umschmiegen.

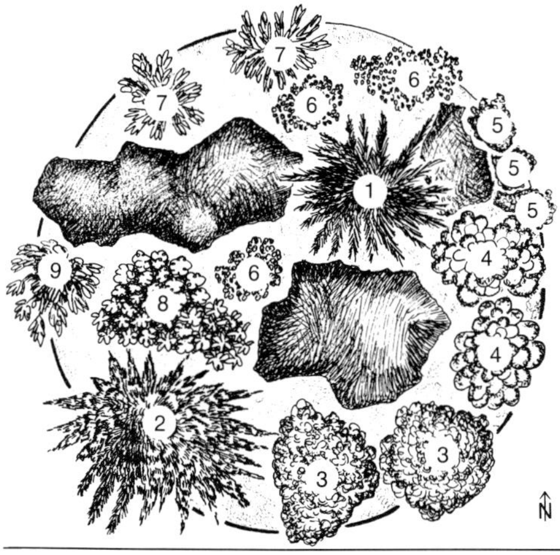

Schale, sonniger Standort. Pflanzerde A. Durchmesser 40 cm, Tiefe ca. 15 cm.

1 *Picea glauca* 'Echiniformis'
2 *Juniperus sabina* 'Skandia'
3 *Helianthemum oelandicum*
4 *Saxifraga paniculata* (syn. *S. aizoon*) 'Balcana'
5 *Vitaliana primuliflora* (syn. *Douglasia vitaliana*) 'Tridentata'
6 *Erinus alpinus* 'Dr. Hähnle'
7 *Edraianthus tenuifolius*
8 *Sempervivella sedoides*
9 *Veronica satureioides* 'Kellereri'

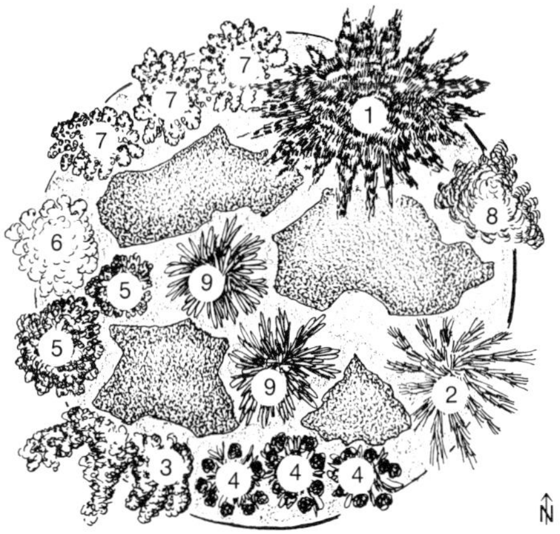

Schale, sonniger Standort. Pflanzerde A. Durchmesser 38 cm, Tiefe ca. 14 cm.

1 *Juniperus squamata* 'Blue Star', locker gewachsen
2 *Cytisus decumbens*
3 *Helianthemum canum*
4 *Dianthus* 'La Bourbrille'
5 *Silene acaulis* 'Plena'
6 *Helichrysum milfordiae*
7 *Globularia cordifolia*
8 *Scutellaria orientalis*
9 *Saxifraga callosa* (syn. *S. lingulata*) 'Superba'

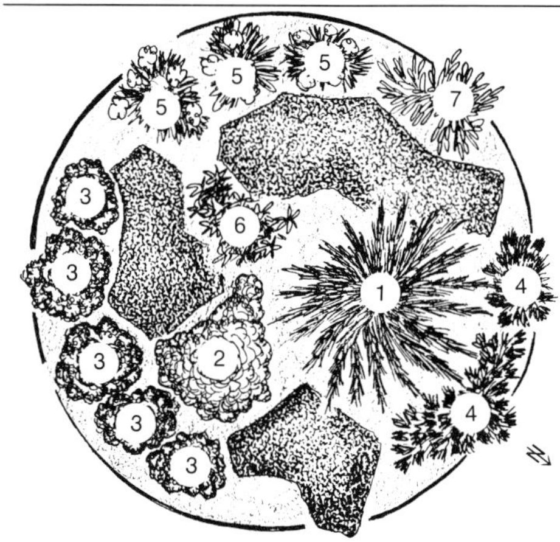

Schale, sonniger bis leicht beschatteter Stand. Pflanzerde A. Durchmesser 35 cm, Tiefe ca. 12 cm.

1 *Picea glauca* 'Alberta Globe'
2 *Saxifraga fritschiana*
3 *Silene acaulis* 'Correvoniana'
4 *Gentiana* × *macaulayi*
5 *Dianthus petraeus* ssp. *noëanus* (syn. *D. noëanus*)
6 *Leontopodium souliei* 'Mignon'
7 *Salix reticulata*

Diese kleinere Schale wirkt sehr ansprechend durch eine ruhige Pflanzung mit nur wenigen Pflanzenarten. Eine Zwergkugelkiefer, *Pinus mugo* 'Mops', sowie einige Steine geben der Bepflanzung die besondere Note. Davor breitet sich das silberweiße Polster von *Antennaria dioica* var. *borealis,* dem Katzenpfötchen, aus. An der Seite schmiegt sich *Arenaria tetraquetra,* das Felssandkraut, mit grünem Polster an den Stein, und neben der Zwergkugelkiefer überwächst ein Zwergginster, *Cytisus decumbens,* die Schale. Am gegenüberliegenden Rand setzt *Edraianthus graminifolius,* die Büschelglocke, im Frühsommer einen blauen Farbakzent.

Das Zwergnadelgehölz kommt hier betont zur Geltung, weil bei dieser Gestaltung auf Artenvielfalt verzichtet und dazu noch silbergraues Laub auf verhältnismäßig großer Fläche verwendet wird. Um so wichtiger ist, daß sich ein solchermaßen herausgestelltes Bäumchen durch entsprechenden Wuchs auszeichnet.

Dieses Beispiel zeigt, daß auch ein normalbreiter (15 cm) Asbestzement-Balkonkasten mit Zwergnadelgehölzen und einigen blühenden Steingartenstauden winterfest und ansprechend bepflanzt werden kann.
In der Mitte erhebt sich eine schlanke Zwergscheinzypresse, *Chamaecyparis lawsoniana* 'Ellwoodii Pygmy', rechts und links flankiert von zwei japanischen Zwergmuschelzypressen, *Cham aecyparis obtusa* 'Nana Gracilis'. In den Zwischenräumen hängen zwei blaue Kriechwacholder, *Juniperus horizontalis* 'Glauca', über den Rand. Zwischen den Nadelgehölzen erblühen im Laufe des Sommers der niederliegende orientalische Enzian *Gentiana septemfida* var. *lagodechiana* und die gefülltblühende *Petrorhagia saxifraga* 'Plena'.

Balkonkasten für sonnige Lage. Robuste, widerstandsfähige Bepflanzung in Pflanzerde A oder guter Blumenerde, vermischt mit Sand. Länge 100 cm, Breite 15 cm.

Wesentlich besser ist ein breiter Balkonkasten zu bepflanzen. Asbestzement-Balkonkästen gibt es auch mit einer Breite von 20 cm. Auch für diesen Vorschlag wurden robust wachsende Pflanzen verwendet. Eine Korkenzieherhasel, *Corylus avellana* 'Contorta', gibt dieser Pflanzung die besondere Note. Im Balkonkasten bleibt diese Pflanze klein. Als Gegenpol wird eine Zwergkiefer, *Pinus mugo* ssp. *pumilio,* gepflanzt. Zwischen einigen Steinen breitet sich die Unterpflanzung aus. *Veronica incana* bildet silbergraue Blattpolster; daneben überwuchern die rot überhauchten Polster von *Sedum spurium* in der rotblühenden Form 'Coccineum' den Rand. Auf der Vorderseite schließt sich das blaugraue Nelkenpolster von *Dianthus gratianopolitanus* 'Splendens' an. Am Ende fällt *Saponaria ocymoides,* das Seifenkraut, mit seinen rosarot blühenden Polstern über den Kasten; dahinter steht die im Spätherbst blühende, sehr niedrig bleibende *Aster dumosus* 'Nesthäkchen'. Neben einem Zwergginster, *Cytisus ardoini,* hat der orientalische Enzian *Gentiana septemfida* 'Erecta' seinen Platz.

Balkonkasten für sonnige Lage. Widerstandsfähige Pflanzung in Pflanzerde A oder guter Blumenerde, mit Sand vermischt. Länge 100 cm, Breite 20 cm.

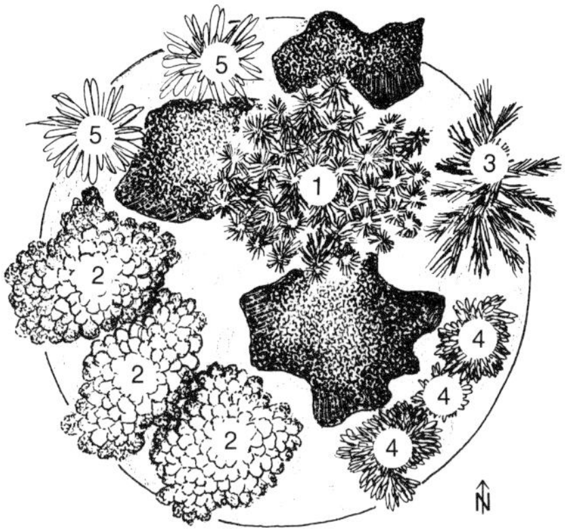

Schale, sonniger Standort, Pflanzerde A. Durchmesser 30 cm, Tiefe ca. 12 cm.

1 *Pinus mugo* 'Mops'
2 *Antennaria dioica* var. *borealis* (syn. *A. tomentosa* hort.)
3 *Cytisus decumbens*
4 *Arenaria tetraquetra*
5 *Edraianthus graminifolius*

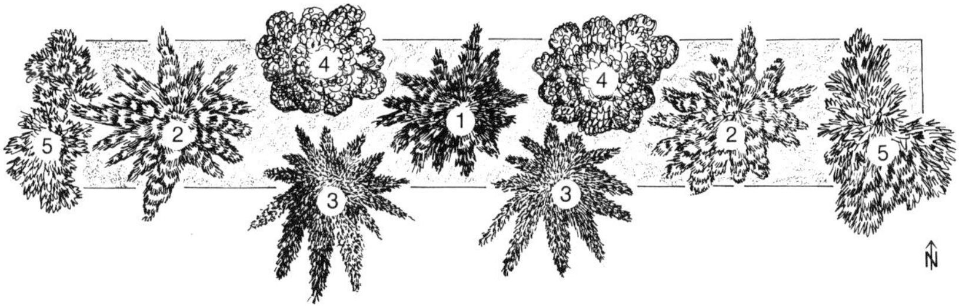

1 *Chamaecyparis lawsoniana* 'Ellwoodii Pygmy'
2 *Chamaecyparis obtusa* 'Nana Gracilis'
3 *Juniperus horizontalis* 'Glauca'
4 *Petrorhagia saxifraga* 'Plena'
5 *Gentiana septemfida* var. *lagodechiana*

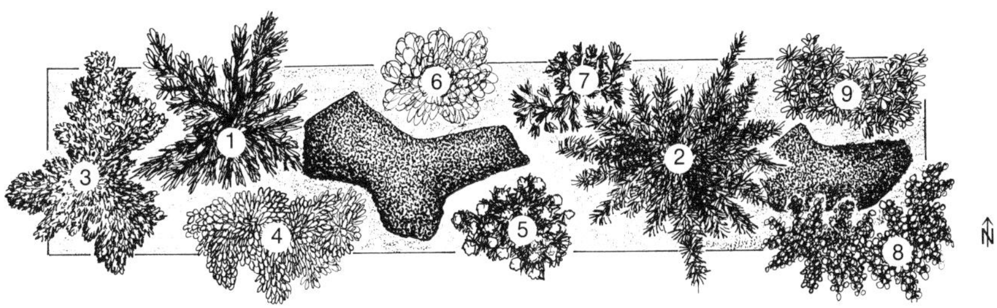

1 *Corylus avellana* 'Contorta'
2 *Pinus mugo* ssp. *pumilio*
3 *Veronica incana*
4 *Sedum spurium* 'Coccineum'
5 *Dianthus gratianopolitanus* 'Splendens'
6 *Cytisus ardoini*
7 *Gentiana septemfida* 'Erecta'
8 *Saponaria ocymoides*
9 *Aster dumosus* 'Nesthäkchen'

Auch an einem schattigen Standort kann ein Balkonkasten ansprechend bepflanzt werden. Ein bizarrer Wurzelknorren kann anstelle eines Steines zur Auflockerung der Bepflanzung verwendet werden. Daneben sitzt eine blaublühende Zwergalpenrose, *Rhododendron impeditum,* die einen lockeren und unregelmäßigen Wuchs aufweisen darf. Als Gegenpol findet ein immergrüner Zwergstrauch Verwendung, hier *Prunus laurocerasus* 'Otto Luyken'. Im Hintergrund überragt zur Blütezeit *Thalictrum dipterocarpum* mit purpurlila Blütenständen die Pflanzung. Davor lagert sich *Campanula poscharskyana* 'Blauranke', die im Sommer mit blauen Blütensternen übersät ist. An der Seite bildet das Porzellanblümchen, *Saxifraga umbrosa,* mit der gelbgefleckten Form 'Aureo-Marginata' ein dichtes Blattpolster. Auf der gegenüberliegenden Seite eine weitere Steinbrechart, *Saxifraga muscoides* 'Findling', mit zarterem Polster, dahinter die im Winter blühende Schneeheide, *Erica herbacea* 'Winter Beauty'.

Dieser normale, nur 15 cm breite Balkonkasten wurde mit besonderen alpinen Pflanzen besetzt. Zwischen einigen Steinen erhebt sich elegant eine Mädchenkiefer, *Pinus parviflora* 'Glauca', die in einem solchen Kasten nie zu groß wird. Als Gegenüber wurde eine Zwerg-Blauigelfichte, *Picea glauca* 'Echiniformis', gewählt. Ebenfalls besonders hervorstechend ist *Euryops evansii,* ein silberbelaubtes Zwergsträuchlein mit goldgelben Blüten im Sommer. Am Rand bildet *Sempervivum* 'Rubin' rote Blattrosetten; davor sitzt das grüne Zwergpolster des Alpenleimkrauts, *Silene acaulis,* mit der rosarot und gefülltblühenden Form 'Correvoniana'. Daneben legt die zwergigste Ginsterform, *Genista villarsii,* ihre Triebe über den Rand. Eingefaßt von einigen Steinen, schließen sich die Rosettenpolster des Steinbrechs *Saxifraga paniculata* an. Im Hintergrund wächst zwischen Stein und Kastenrand *Draba bruniifolia* var. *diversifolia,* das Hungerblümchen. *Minuartia laricifolia,* die Felsmiere, läßt ihre mit weißen Blüten geschmückten Polster weit über den Balkonkasten hängen, und daneben bildet das Himalaja-Mannsschild, *Androsace sempervivoides,* dichte Polster. Im Hintergrund wirkt *Primula auricula,* die Alpenaurikel, mit ihren großen, leicht bemehlten Blättern sehr dekorativ. Nebenan breitet sich *Chrysanthemum weyrichii* mit grünem Blattpolster aus.

Ein 20 cm breiter Balkonkasten, alpin bepflanzt, mit Kalkknollensteinen bestückt. Besonders interessant wirkt hier eine ganz schmale aufrecht, Säulenkiefer, *Pinus sylvestris* 'Fastigiata', und, als Gegenpol, die niedrigkugelige *Pinus sylvestris* 'Perkeo'. Über den vorderen Rand hängt in der Mitte eine Silberwurz, *Dryas octopetala;* die Ecken werden vom Igelpolster, *Acantholimon glumaceum,* bzw. von Lotwurz oder Goldtropfen, *Onosma albo-rosea,* markiert. Dazwischen: *Saxifraga callosa* 'Bellardi', das Hungerblümchen *Draba lasiocarpa, Saxifraga paniculata* 'Minutifolia' und eine Felsmiere, *Arenaria arduinii* – ein reizvoller Saum aus starren Rosetten und ganz verschiedenartigen Zwergpolstern. Zwischen den Steinen das Mannsschild *Androsace sarmentosa* 'Watkinsii' mit schönen, graubehaarten Polstern; am hinteren Rand: Steintäschel, *Aëthionema grandiflorum, Minuartia subnivalis,* ein Zwergseidelbast, *Daphne rosetti,* in der Mitte, ein weiteres Steintäschel und schließlich die weißbelaubte *Andryala agardhii.*

Balkonkasten für sonnige Lage. Alpine Bepflanzung. Pflanzerde F oder sandige Erde A. Länge 100 cm, Breite 20 cm.

1 *Pinus sylvestris* 'Fastigiata'
2 *Pinus sylvestris* 'Perkeo'

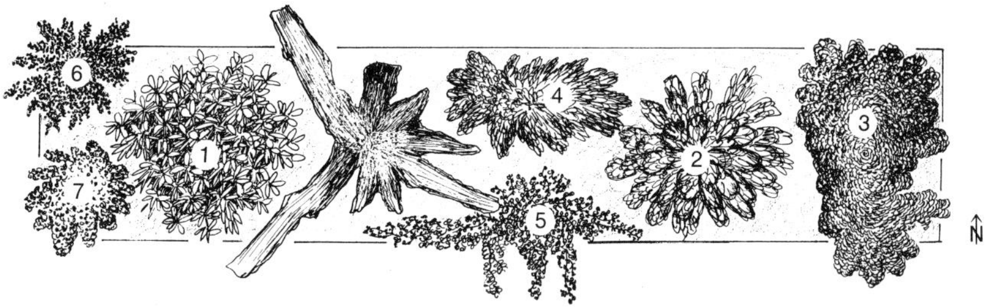

Balkonkasten für schattigen Standort. Pflanzerde A. Länge 100 cm, Breite 20 cm.

1 *Rhododendron impeditum*
2 *Prunus laurocerasus* 'Otto Luyken'
3 *Saxifraga umbrosa* 'Aureo-Marginata'
4 *Thalictrum dipterocarpum*
5 *Campanula poscharskyana* 'Blauranke'
6 *Erica herbacea* 'Winter Beauty'
7 *Saxifraga muscoides* 'Findling'

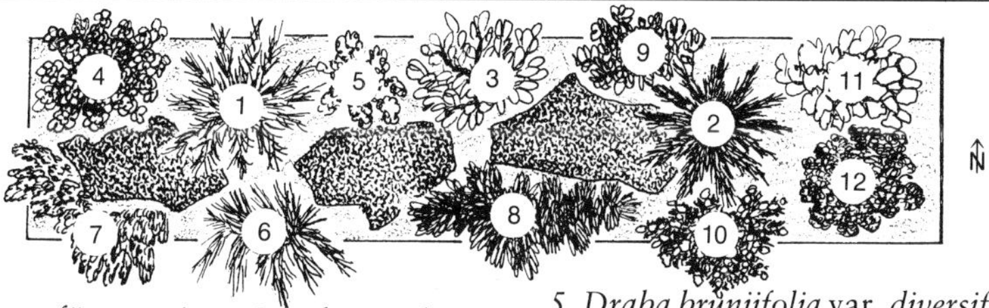

Balkonkasten für sonnigen Standort. Alpine Bepflanzung in Pflanzerde A. Länge 80 cm, Breite 15 cm.

1 *Pinus parviflora* 'Glauca'
2 *Picea glauca* 'Echiniformis'
3 *Euryops evansii*
4 *Sempervivum* 'Rubin'
5 *Draba brüniifolia* var. *diversifolia*
6 *Genista villarsii*
7 *Silene acaulis* 'Correvoniana'
8 *Saxifraga paniculata*
9 *Chrysanthemum weyrichii*
10 *Minuartia laricifolia*
11 *Primula auricula*
12 *Androsace sempervivoides*

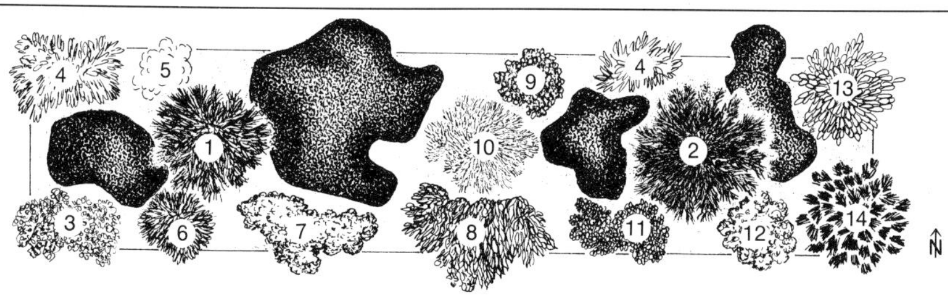

3 *Acantholimon glumaceum*
4 *Aëthionema grandiflorum*
5 *Minuartia subnivalis*
6 *Saxifraga callosa* 'Bellardi'
7 *Draba lasiocarpa*
8 *Dryas octopetala*
9 *Daphne rosetti*
10 *Androsace sarimentosa* 'Watkinsii'
11 *Saxifraga paniculata* 'Minutifolia'
12 *Arenaria arduinii*
13 *Andryala agardhii*
14 *Onosma albo-rosea*

In niederen, nicht sehr tiefen Trögen müssen nicht nur Hauswurz oder Steinbrecharten angesiedelt werden. Es gibt unter den Gebirgspflanzen genügend Auswahl, um auch einen flachen Trog vielseitig zu bepflanzen.

Dieser nur 15 cm tiefe ehemalige Wasserausguß erhielt eine kleine Erhebung aus Steinen, an deren Rand eine Zwerg-Kiefer, *Pinus sylvestris* 'Perkeo', gepflanzt ist. Im Hintergrund, zwischen dem großrosettigen Polster von *Saxifraga cotyledon,* blüht fast den ganzen Sommer mit lockerer Blütenfülle *Petrorhagia saxifraga* 'Plena'. Über den Trogrand läßt *Iberis saxatilis,* die Zwergschleifenblume, das niedere Polster hängen; *Saponaria caespitosa* säumt den vorderen Rand mit festem, grünem Polster. Die rosa Blüten sitzen bei dieser Art am Ende der 7–10 cm langen Blütenstiele. An der Ecke gegenüber überwächst *Dianthus simulans* mit dichtem Polster den Trog; zwischen beiden vermittelt das starre Zwergpolster von *Gypsophila tenuifolia.* Zwischen den Steinen breiten sich die Rosettenpolster von *Sempervivum* 'Beta' und 'Rubin' aus, letztere mit leuchtend granatroten Rosetten. Dazwischen wirken die hell silbergrauen Polster von *Sedum spathulifolium* 'Cape Blanco' besonders schön.

Beispiel für schattigen Standort: Das Gerüst der Pflanzung bilden eine dicht kugelig und zwergig wachsende Japanische Sicheltanne, *Cryptomeria japonica* 'Vilmoriniana', die blaunadelige *Picea glauca* 'Echiniformis' und den Rand überspielend, *Picea abies* 'Inversa', eine Hängefichte, die im Trog klein gehalten werden kann. Um dieses Gerüst ordnet sich die Bepflanzung vornehmlich mit einigen Steinbrecharten. Besonders auffallend ist die Einzelrosette von *Saxifraga longifolia.* Zwischen den Steinen webt *Saxifraga oppositifolia* ein niedriges Polster. Einige Vorfrühlingssteinbreche der Sektion Kabschia vervollständigen die Pflanzung: *Saxifraga grisebachii* 'Wisley', *Saxifraga borisii,* mit aschgrauem, dichtem Zwergpolster sowie *Saxifraga sancta* mit frischgrünem Polster. Ein sehr schönes Polster mit cremeweißen Blüten bildet *Sempervivella sedoides,* die in sonniger wie in schattiger Lage gedeiht. Daneben erheben sich die dekorativen Blätter von *Primula marginata,* einer Felsprimel. Die Ecke füllt die sehr lang blühende *Cymbalaria muralis* 'Globosa Rosea', das Zimbelkraut. *Thlaspi rotundifolium,* das Täschelkraut, bildet zwischen Stein und Trograndkleine Zwergpolster. *Ramonda myconi,* der Felsenteller, und *Gentiana* × *macaulayi,* der Herbstenzian runden die Pflanzung ab.

Daß auch niedere Tröge ansprechend bepflanzt werden können, zeigt dieses Beispiel. Ein handelsübliches Asbestzement-Blumengefäß wurde an schattigem Ort aufgestellt und mit einer violettblau blühenden Himalaja-Alpenrose, *Rhododendron impeditum,* bepflanzt. Von besonderer Wirkung ist eine locker gewachsene Pflanze gegenüber einer solchen mit niedrigdichtem Wuchs. Im Vordergrund überwächst *Juniperus horizontalis* 'Glauca' den Rand, umrahmt von *Campanula portenschlagiana* 'Birch Hybrid' und *Ramonda myconi.* Zwischen einigen Steinen die großen Rosetten von *Saxifraga cotyledon* 'Southside Seedling'. Diese neue Hybride hat einen herrlichen, verzweigten Blütenstand mit weißroten Einzelblüten. Neben den dunkelgrünen Blättern von *Primula clusiana,* einer Felsprimel mit purpurlila Blüten, gedeiht *Soldanella montana,* die Alpentroddelblume. Leider ist diese Pflanze vielfach recht blühfaul, doch wenn ihre gefransten violettblauen Blüten im zeitigen Frühjahr erscheinen – welch herrlicher Anblick! Neben der goldgelb blühenden Alpenaurikel, *Primula auricula,* sitzt der Kärnter Kuhtritt, *Wulfenia carinthiaca.* Aus glänzendgrünen Blättern erscheinen im Sommer blaue Blütenrispen.

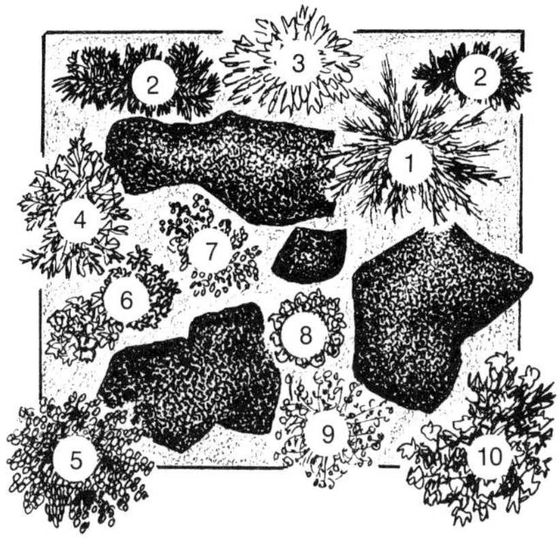

Trog für sonnigen Standort. Pflanzerde A. Länge 60 cm, Breite 55 cm, Tiefe 15 cm.

1 *Pinus sylvestris* 'Perkeo'
2 *Saxifraga cotyledon*
3 *Petrorhagia saxifraga* (syn. *Tunica saxifraga*) 'Plena'
4 *Iberis saxatilis*
5 *Saponaria caespitosa*
6 *Sempervivum* 'Beta'
7 *Sedum spathulifolium* 'Cape Blanco'
8 *Sempervivum* 'Beta'
9 *Gypsophila tenuifolia*
10 *Dianthus simulans*

Trog für schattigen Standort. Pflanzerde A. Länge 100 cm, Breite 50 cm, Tiefe 34 cm.

1 *Picea abies* 'Inversa'
2 *Cryptomeria japonica* 'Vilmoriniana'
3 *Picea glauca* 'Echiniformis'
4 *Sempervivella sedoides*
5 *Saxifraga longifolia*
6 *Thlaspi rotundifolium*
7 *Ramonda myconi*
8 *Saxifraga borisii*
9 *Saxifraga oppositifolia*
10 *Gentiana* × *macaulayi*
11 *Saxifraga grisebachii* 'Wisley'
12 *Cymbalaria muralis* (syn. *Linaria cymbalaria*) 'Globosa Rosea'
13 *Saxifraga sancta*
14 *Primula marginata*

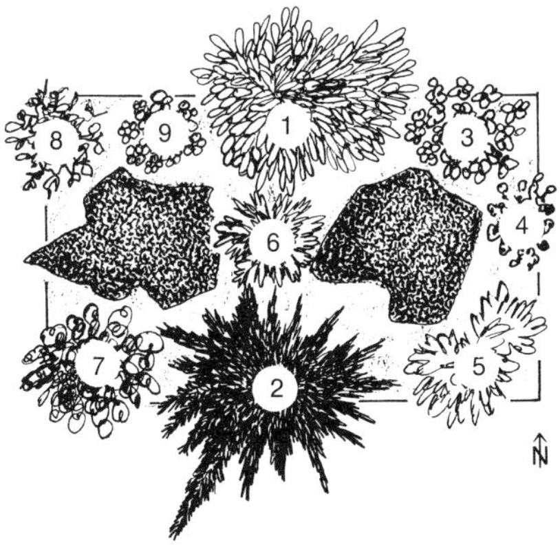

Trog (Eternit) für schattigen Standort. Pflanzsubstrat M oder Erde A, vermischt mit Torf. Länge 60 cm, Breite 36 cm, Höhe 15 cm.

1 *Rhododendron impeditum*, locker gewachsen
2 *Juniperus horizontalis* 'Glauca'
3 *Primula clusiana*
4 *Soldanella montana*
5 *Ramonda myconi*
6 *Saxifraga cotyledon* 'Southside Seedling'
7 *Campanula portenschlagiana* 'Birch Hybrid'
8 *Wulfenia carinthiaca*
9 *Primula auricula*

Selbstgefertigter Trog in den Idealmaßen. Tonangebend ist neben einigen Steinen *Pinus pumila* 'Glauca', die Zwergblaukiefer, deren Wuchs an einen japanischen Bonsai erinnert. Sie sollte nicht zu klein gewählt werden, um sofort ein ansprechendes Bild abzugeben. Vollständig gleichmäßig, dicht und konisch geformt ist ihr Gegenstück, *Picea glauca* 'Laurin'. Diese wirkliche Zwerg-Zuckerhutfichte muß ihres überaus langsamen Wachstums wegen schon etwa 10–20 Jahre alt sein, damit sie zur Geltung kommt. Zwischen diesen beiden Polen der Pflanzung vermittelt die niedrige, dichtkugelige *Picea mariana* 'Nana' mit blaugrauer Benadelung. Die malerisch überhängende Randbepflanzung besteht aus blauem Kriechwacholder, *Juniperus horizontalis* 'Glauca', einer Zwergweide, *Salix × simulatrix,* der amerikanischen Silberwurz, *Dryas drummondii,* und der Nelke *Dianthus petraeus* ssp. *noëanus.* Neben einer silberübersponnenen Hauswurz, *Sempervivum* 'Shootrolds Triumph', breiten sich zwischen den Steinen die schmalblättrigen Rosetten von *Saxifraga callosa* 'Superba' aus. Im Schlagschatten von Stein und Blaukiefer gedeihen *Primula clusiana* und *Campanula poscharskyana* 'Blauranke'. *Saxifraga trifurcata* trägt wochenlang weißen Flor; purpurrot klingt er im Spätjahr mit *Aster dumosus* aus.

In diesem alten Steintrog sind einige interessante Steine besonders wichtig. Unterstützt wird die Gestaltung durch eine Zwergzuckerhutfichte, *Picea glauca* 'Laurin', und einen Zwergginster, *Genista villarsii,* der sich an der Seite über den Trogrand legt. An einer Ecke des Troges wächst *Leontopodium souliei,* ein problemloses Edelweiß aus dem Himalaja. Die Ecke gegenüber füllt ein Rosettensteinbrech, *Saxifraga cotyledon.* Eng an die Steine schmiegen sich das grasartige, grüne Zwergpolster von *Gypsophila tenuifolia* und die rotbraunen Rosetten von *Sempervivum blandum.* Neben den grünen Zwergpolstern von *Saponaria × olivana,* dem Felsseifenkraut, drängen die graublauen Polster einer Felsnelke, *Dianthus sylvestris* über den vorderen Rand. An der Seite bildet *Minuartia laricifolia* ein im Spätfrühjahr mit weißen Blüten übersätes, überhängendes Polster, abgegrenzt durch ein Polster aus winzigen Rosetten von *Saxifraga paniculata* 'Baldensis'.

Die Pflanzung in diesem Trog unterstützt ganz besonders die Wirkung der Steingruppen. Lauter niedere, dichte Polster umschmiegen die Steine, die nur von der Zwergzuckerhutfichte überragt werden.

Mehrere Steine und eine im Hintergrund gepflanzte Zwergigelfichte, *Picea abies* 'Echiniformis', geben diesem Trog sein alpines Gepräge. Neben der Zwergfichte bildet *Veronica armena* 'Rosea' ein lockeres Polster. Davor, etwas erhöht zwischen den Steinen, gedeiht ein echtes Edelweiß, *Leontopodium alpinum vera,* und bringt hier einige wirklich gut geformte, silberweiße Blüten. Unterstrichen wird das silbergraue Laub und die weißen Blüten durch die braunen Zwergpolster von *Scleranthus uniflorus,* dem Knäuelkraut, das sich eingeengt zwischen einigen Steinen besonders wohl fühlt. *Armeria juniperifolia,* die Zwerggrasnelke, bildet ebenfalls dichte Zwergpolster. Davor schmückt sich in der Ecke des Troges *Arenaria ledebouriana* zur Blütezeit im Spätfrühjahr mit lockerem, duftigem Blütenflor. Die silbernen Blattpolster von *Artemisia umbelliformis* stehen am vorderen Rand des Troges neben dem grünen Polster von *Silene acaulis,* hier die rosarot blühende Zwergform 'Excapa'. Der im zeitigen Frühjahr blühende Kabschia-Steinbrech *Saxifraga sancta* rundet das alpine Bild mit seinem graugrünen Polster ab. *Minuartia parnassica* legt sich mit dichtem, starrem Polster zwischen Stein und Trogrand.

Gerade bei dieser Pflanzung ist die Auswahl der Steine besonders wichtig, um dem Trog die entsprechende Wirkung zu verleihen.

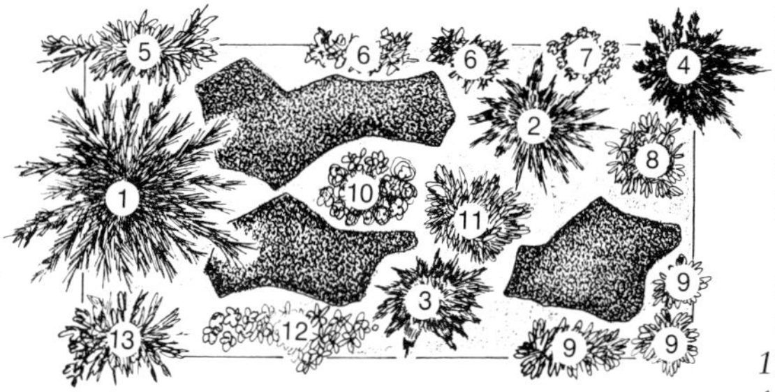

Trog für sonnigen Standort. Pflanzerde A. Länge 100 cm, Breite 50 cm, Tiefe 30 cm.

1 *Pinus pumila* 'Glauca'
2 *Picea glauca* 'Laurin'
3 *Picea mariana* 'Nana'
4 *Juniperus horizontalis* 'Glauca'
5 *Salix* × *simulatrix*
6 *Dryas drummondii*
7 *Dianthus petraeus* ssp. *noëanus* (syn. *D. noëanus*)
8 *Aster dumosus* 'Nesthäkchen'
9 *Saxifraga trifurcata*
10 *Sempervivum* 'Shootrolds Triumph'
11 *Saxifraga callosa* (syn. *S. lingulata*) 'Superba'
12 *Primula clusiana*
13 *Campanula poscharskyana* 'Blauranke'

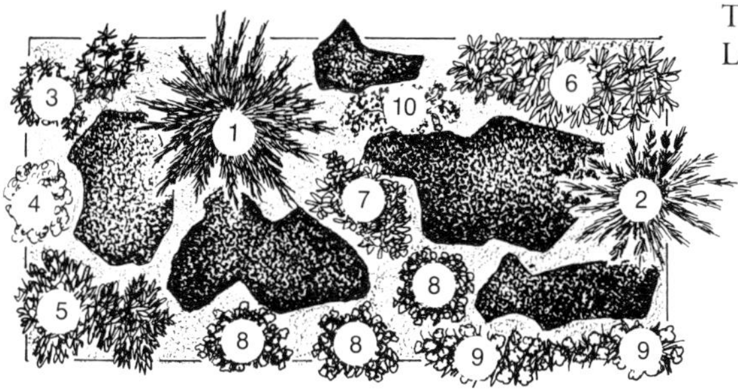

Trog für sonnigen Standort. Pflanzerde A. Länge 80 cm, Breite 40 cm, Tiefe 26 cm.

1 *Picea glauca* 'Laurin'
2 *Genista villarsii*
3 *Leontopodium souliei*
4 *Minuartia laricifolia*
5 *Saxifraga paniculata* (syn. *S. aizoon*) 'Baldensis'
6 *Saxifraga cotyledon*
7 *Sempervivum blandum*
8 *Saponaria* × *oliviana*
9 *Dianthus sylvestris*
10 *Gypsophila tenuifolia*

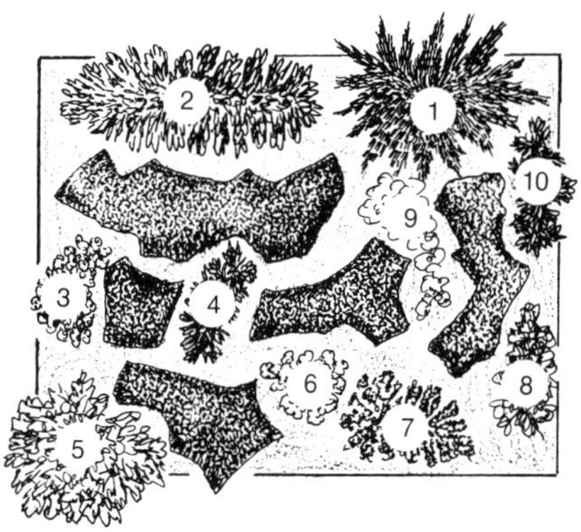

Trog für sonnigen Standort. Pflanzerde A. Länge 62 cm, Breite 48 cm, Tiefe 30 cm.

1 *Picea abies* 'Echiniformis'
2 *Veronica armena* 'Rosea'
3 *Armeria juniperifolia* (syn. *A. caespitosa*)
4 *Leontopodium alpinum vera*
5 *Arenaria ledebouriana*
6 *Artemisia umbelliformis* (syn. *A. laxa*)
7 *Silene acaulis* 'Excapa'
8 *Minuartia parnassica*
9 *Scleranthus uniflorus*
10 *Saxifraga sancta*

Aufbau und Bepflanzung dieses an sonnigem Standort stehenden Troges ist auf der Farbtafel Seite 49 dargestellt. Hier dominieren wieder neben einigen kleinen Kalkknollensteinen Zwergkoniferen. Die Zwerg-Blauigelfichte *Picea glauca* 'Echiniformis' betont den Hintergrund; im Vordergrund wächst *Juniperus horizontalis* 'Glauca' über den Trog. Ebenfalls über den vorderen Rand quillt das Polster von *Phlox douglasii* 'Eva', nach innen begrenzt durch einen Stein. Daneben der im Frühjahr blühende Enzian, *Gentiana acaulis* 'Dinarica', sowie das rotbraune *Sempervivum* 'Rubin'. Mit silberübersponnenen Rosetten sitzt *Sempervivum arachnoideum* ssp. *tomentosum* in den Löchern des Kalkknollensteines; zwischen den Steinen eingezwängt die große Rosette des Königssteinbrechs, *Saxifraga longifolia.* Hinter den Steinen lugt auf der einen Trogseite ein Edelweiß, *Leontopodium alpinum,* hervor; auf der anderen Seite bildet der Leberbalsam, *Erinus alpinus* 'Dr. Hähnle', mit karminroten Blüten im Frühjahr einen herrlichen Farbklecks. Fast in den Kriechwacholder hinein, der auch wieder mit einem Stein nach innen abgegrenzt und eingeengt wird, wächst *Anthyllis webbiana,* der Alpenwundklee; im Frühsommer erscheinen seine violettroten Blüten über grünen Laubpolstern.

Die eine Hälfte dieses ehemaligen Futtertroges ist mit M-Erde, die andere mit A-Erde aufgefüllt. In M-Erde gedeihen am Trogrand eine niedrige Alpenrose aus dem Himalaja, *Rhododendron keleticum,* im Hintergrund die großblumige, rotblühende Japan-Azalee 'Muttertag', etwas abgesetzt daneben das niedrigbleibende, dunkel lachsrot blühende *Rhododendron multiflorum* 'Alpengarten', die Glockenblume *Campanula portenschlagiana* 'Birch Hybrid' und eine Felsmiere, *Minuartia laricifolia.* Diese eigentlich an einen sonnigen Standort und in Pflanzensubstrat A gehörende Art zeigt hier, wie anpassungsfähig ein Teil der Gebirgspflanzen ist. Zwischen Kalkknollensteinen und aus deren Löchern quellen die silbergrauen, großen Blattrosetten von *Saxifraga cotyledon* 'Pyramidalis'. An der Nordseite bilden *Saxifraga × apiculata* und *Saxifraga sancta* dichte, grüne Zwergpolster. Am Rand breitet *Ramonda myconi,* der Felsenteller, schöne, leicht behaarte Blattrosetten aus.

In dem mit A-Erde gefüllten Teil betonen die kugelige Zwerg-Blauigelfichte, *Picea glauca* 'Echiniformis', und eine Zwergbalsamtanne, *Abies balsamea* 'Nana', die Bepflanzung. Über den Rand legen sich der im Sommer blühende Enzian, *Gentiana septemfida* var. *lagodechiana,* sowie die dichten, graublauen Polster von *Dianthus gratianopolitanus* 'Compactus'. Mit großen mehlig bestäubten Blättern wirkt im Hintergrund *Primula auricula,* die echte Alpenaurikel, auch ohne die im Frühjahr erscheinenden gelben Blüten sehr dekorativ. In den Zwischenräumen breitet sich – mit einem Hang zum Überhandnehmen! – *Campanula cochleariifolia* aus. Den Abschluß bilden die Rosetten von *Saxifraga callosa* 'Lantoscana' mit reinweißen Blütenrispen im Frühsommer. Auf diesem Trog blüht es von Frühjahr bis Herbst.

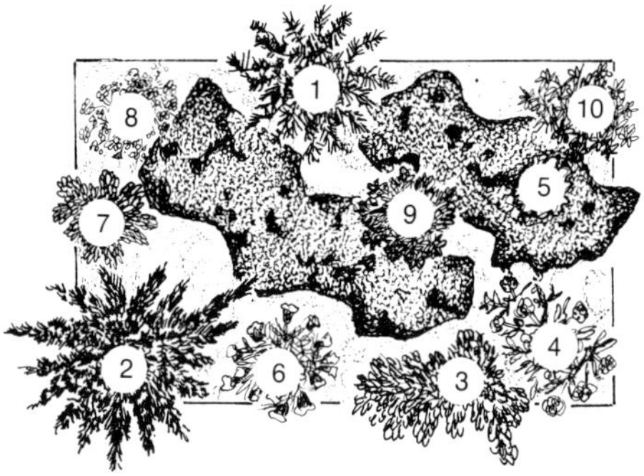

Trog für sonnigen Standort. Pflanzerde A. Länge 60 cm, Breite 38 cm, Tiefe 26 cm. (Siehe auch Farbtafel Seite 49).

1 *Picea glauca* 'Echiniformis'
2 *Juniperus horizontalis* 'Glauca'
3 *Phlox douglasii* 'Eva'
4 *Sempervivum* 'Rubin'
5 *Sempervivum arachnoideum* ssp. *tomentosum*
6 *Gentiana acaulis* 'Dinarica'
7 *Anthyllis webbiana*
8 *Erinus alpinus* 'Dr. Hähnle'
9 *Saxifraga longifolia*
10 *Leontopodium alpinum*

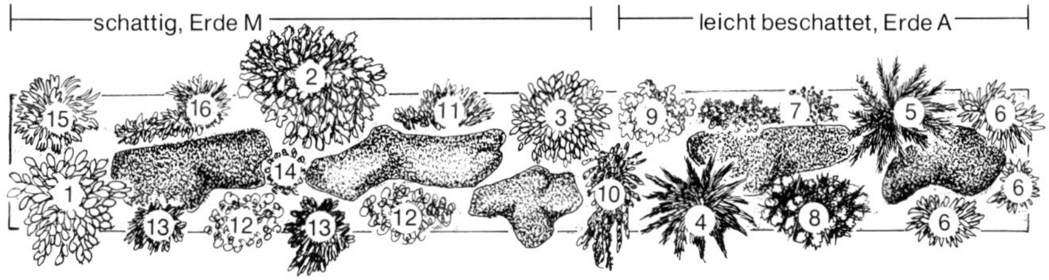

Trog an leicht beschattetem bis schattigem Standort. Zur Hälfte gefüllt mit Erde A, schattiger Teil gefüllt mit Pflanzerde M. Länge 275 cm, Breite 45 cm, Tiefe 25 cm.

1 *Rhododendron keleticum*
2 Japanische Azalee 'Muttertag'
3 *Rhododendron multiflorum* 'Alpengarten'
4 *Picea glauca* 'Echiniformis'
5 *Abies balsamea* 'Nana'
6 *Saxifraga callosa* (syn. *S. lingulata*) 'Lantoscana'
7 *Campanula cochleariifolia* (syn. *C. pusilla*)
8 *Dianthus gratianopolitanus* (syn. *D. caesus*) 'Compactus'
9 *Primula auricula*
10 *Gentiana septemfida* var. *lagodechiana*
11 *Saxifraga* × *apiculata*
12 *Campanula portenschlagiana* 'Birch Hybrid'
13 *Minuartia laricifolia*
14 *Saxifraga cotyledon* 'Pyramidalis'
15 *Ramonda myconi*
16 *Saxifraga sancta*

Empfehlenswerte Literatur

Encke, F.: Zwergsteingärten. Franckh'sche Verlagshandlung, Stuttgart 1978.

Encke, F., und Schiller, H.: Dachgärten, Terrassen und Balkone. Gestaltung und Bepflanzung. Verlag Eugen Ulmer, Stuttgart 1975.

Foerster, K.: Der Steingarten der sieben Jahreszeiten. Verlag Neumann, Radebeul 1956.

Köhlein, F.: Freilandsukkulenten. Verlag Eugen Ulmer, Stuttgart 1977.

Kriechbaum, W.: Alpenpflanzen im Garten. Verlag Paul Parey, Hamburg und Berlin 1960.

Schacht, W.: Der Steingarten. Verlag Eugen Ulmer, Stuttgart 1978.

Wocke, E.: Die Kulturpraxis der Alpenpflanzen. Verlag Paul Parey, Berlin 1940. Nachdruck 1977 O. Koeltz, 6240 Koenigstein.

Zander, Handwörterbuch der Pflanzennamen. Bearb. v. F. Encke, G. Buchheim und S. Seybold, 12. Aufl., Verlag Eugen Ulmer, Stuttgart 1980.

Bezugsquellen für Gebirgs- und Alpenpflanzen

D

Alpengarten Pforzheim
7530 Pforzheim-Würm

Kayser und Seibert
6101 Roßdorf-Darmstadt

Dr. Hans Simon
8772 Marktheidenfeld

F. Sündermann
8990 Lindau

CH

J. Eschmann
CH-6032 Emmen

A. Frei
CH-8461 Wildensbuch

Correvon & Cie
CH-1225 Chene-Bourg/Genève

GB

Jack Drake
Aviemore PH 22 1QS
Inverness-Shire, Scotland

W. E. Th. Ingwersen Ltd.
East Grinstead RH 19 4LE
West Sussex, England

Bildquellen

Umschlagfoto, Farbbilder 1–6, 26, 59, 62, 67, 68: flora-bild (A. Felbinger)
Farbbilder 7, 13, 15, 16, 18, 23, 69, 70: Franz Stöhr, Rutesheim
Alle übrigen Farbaufnahmen vom Verfasser
Zeichnungen der Pflanzbeispiele: Regina Brendel, Pfungstadt
Alle übrigen Zeichnungen: Emil Wetter, Rutesheim

Register

Verzeichnis der deutschen Pflanzennamen

Halbfett gedruckte Zahlen verweisen bei mehreren Zitaten auf eine ausführliche Beschreibung, Sternchen * auf eine Abbildung.

Verzeichnis der lateinischen Pflanzennamen

Halbfett gedruckte Zahlen verweisen bei mehreren Zitaten auf eine ausführliche Beschreibung, Sternchen * auf eine Abbildung.

Sachregister

Sternchen * verweisen auf Abbildungen.